改訂

若手教師のための教師力をみがく

HANDBOOK

ハンドブック

若手・新任教師へ
実力教師が伝授する
179の
Q&A

岡崎市教科・領域指導員会 編著

明治図書

JN043582

はじめに

　「平成」から「令和」へと元号が変わった今，世の中は，グローバル化や人工知能の活用などによる技術革新等，急速な発展を遂げています。また，Society 5.0を迎え，社会構造の劇的な変革が見込まれる中，これからの子供たちに必要とされる資質・能力として，社会の変化に対応するとともに，自分たちを取り巻く様々な課題に真正面から向き合い，解決しようとする力が求められています。

　しかしながら，教師の使命は，いつの世にあってもその本質が変わることはありません。教育は，常に子供の健やかな成長を願い，子供を中心に据えた地道な活動を積み重ねることにより，多くの成果を上げてきました。こうした不易を守りつつ，これからの教育のあるべき姿を捉えたとき，次世代の子供たちが未来をたくましく生き抜く力を身に付けることができるよう，必要な学習環境を整え，新たな学習指導要領の理念に沿って着実に前進していくことが大切です。

　本書は，2010年に発刊された前回のものから，第7次の学習指導要領の改訂に合わせて「岡崎市教科・領域指導員会」が内容を精選・吟味し，執筆・編集をしました。教科・領域指導員会は，岡崎の教師の授業力向上を図ることを目的に，各小中学校を訪問し，授業研究や若手教師の研修に対して指導や助言を行う組織です。各教科・領域別に32名の教諭が指導員に委嘱されており，学校を訪問して，授業づくりや学級づくり等の具体的なアドバイスをすることで，岡崎の教師の指導力向上に努めています。本書は，岡崎の教師が長い年月をかけて紡いできた，教育の技，教育への思い，教育への夢の結晶とも言えます。

　新しい学習指導要領では，「何を学ぶか」だけでなく，「どのように学ぶか」も重要視されており，キーワードである「主体的・対話的で深い学び」を実現するため学習過程の改善が求められています。本書は，その実現に向けた教師支援や目指す子供の姿について，経験の浅い教師にも分かりやすい言葉でまとめられています。さらに，教師としての心得から，学級づくりの基本スキル，子供・保護者理解までが，具体的な実践事例を挙げながら書かれています。若い先生方が本書を手にとり，日々の教育現場で活用することによって，教師力向上に少しでも役立つことを願います。

2020年9月

岡崎市教育委員会教育長　　安藤　直哉

目　次

第3章　授業編

4 その他 ·· 78

第4章　子供理解編

第5章　保護者理解編

Q1　新任教師として心がけたいことは何ですか？

❶ 夢の教師生活スタート！

　4月初めの新任式・始業式で，全校の子供たちと出会います。それが，教師としてのスタートです。そこでの担任紹介を，子供たちはとても楽しみにしています。背筋を伸ばし，さわやかな態度で式に臨みましょう。校長先生に名前を呼ばれたときには，誰よりも元気な声で返事をしましょう。

　式の後は，教室で学級の子供たちとの出会いが待っています。子供たちは，「今年の担任の先生はどんな先生なんだろう」とわくわくしながら待っています。担任としての思いや願いを子供たちに真剣に伝えましょう。中学校での副担任の場合も，学年集会や最初の授業で子供たちにかける思いを語りたいものです。

　翌日からは，子供たちとの学校生活が始まります。朝，一番に教室に行き，子供たちを迎える準備をしましょう。そして，とびきりの笑顔と元気な声で，「おはよう」と子供たちを温かく迎えましょう。

　新任教師にとっては期待より不安が大きいかもしれません。それでも教師になりたいという夢を実現できた喜びを忘れず，子供たちと一緒に一歩一歩前に進んでいきましょう。

❷ チームの一員としてチームワークを大切に！

　学校は一人では何もできません。学校というチーム，学年というチームの一人であることをいつも自覚して行動するようにしましょう。決められた担当の仕事は責任をもって行うとともに，学校のために，学年のために自分のできることは何かを考え，率先して動くことを心がけていきましょう。「誰かのために積極的に動くことに失敗はありません！！」

❸ 報告・連絡・相談＝「ホウ・レン・ソウ」を大切に！

　初めてのことは誰でも不安です。分からないことがいっぱいです。そのようなときには，とにかく学年の先生，周りの先生方に聞きましょう。なかなか聞きづらいかもしれませんが，先輩教師に聞くことは，新任教師の特権です。自分一人で抱え込まず，困ったこと，分からないことがあれば，積極的に学年，役職の先生に相談しましょう。また，学級のこと，保護者のことで何かあれば，まずは学年主任に報告，連絡をします。必ず力になってくれます。「学校という職場では，ホウ・レン・ソウが大切です！！」

❹ 教師として子供たちのお手本に！

　子供たちは教師をよく見ています。そのことを忘れず，子供たちの手本となる行動を示したいものです。当然のことですが，新任教師は一社会人でもあります。時間を守る，挨拶や返事をする，整理整頓に心がける，きちんとした服装や正しい言葉遣いをする，約束を守るなど，あたりまえのことをあたりまえのようにすることが，子供たちに，保護者に，同僚に信頼され

ることにつながります。朝，職員室に入るとき，帰りに職員室を出るときには，明るく元気な声で，挨拶したいものです。

❺ 教師としての熱い思いを大切に！

　教師にとって最も大切なことは，情熱をもって教育に専念することです。教師になりたいと思った自分の原点を土台に，「子供たちをこんなふうに伸ばしたい」「こんなクラスをつくりたい」など，子供たちの成長の姿を思い描きながら日々努力していくことが大切です。教師の熱い気持ちがなければ，子供たちの力を引き出し，育てていくことはできません。また，教師という仕事は，これから人格形成をしていく発達途上の子供たちと向き合う点においてより専門性が求められます。だからこそ，教師としての責任感と使命感を自覚し，子供たちへの限りない愛情をもち，教育への情熱を燃やし続けていくようにしましょう。

❻ 日々の授業を大切に！

　教育の専門家としての教師の最も大切なことは，授業力を高めることです。授業を通して，子供の能力や可能性を引き出したり，伸ばしたりしていきます。

　子供の心を引きつける授業をするにはどのようにすればよいかを常に考え，授業に臨むことが大切です。学校生活のあらゆる場面で子供を深く理解しようとする姿勢や，綿密な教材研究が，教師の力量を高めます。子供に分かる喜びや満足感・達成感・充実感を味わわせることができる授業を目指して，日々の授業を見直し，改善していくことが，一人前の教師になるために必要なことです。また，同僚の授業や他校の先進的な授業を積極的に参観することも，授業力向上に大いに役立ちます。学ぶ姿勢を大切に，先輩教師の実践や考え方を見たり聞いたりしながら，自らの実践に反映させ，授業の技術を改善・向上させていきましょう。

❼ 自分磨きを大切に！

　教師に必要な資質として，人間性・専門性・指導性があげられます。教師の力量・言動・生き方が，子供の人格形成に大きな影響を与えるということを考えたとき，教師には教科等に関する専門的知識，広く豊かな教養など幅広い資質が求められます。そのため教育に関する様々な書籍を読み，考えを深めるとともに，文学や社会科学の本に目を通すことも大切です。優れた書物を読むことにより，人間の生き方や社会を洞察する目を養うことができ，学級や子供を見る目が豊かになります。また人との出会いによって新しい知識，感性を養うこともできます。講演会や研修会などに積極的に参加し，自分自身の幅を広げるようにしましょう。

　自分を磨き，子供たちがあこがれる魅力ある教師を目指しましょう。

Q2 ▶ 信頼される教師になるために大切なことは何ですか?

「先生のおかげで，今の私がある」「先生になら，相談してみようかな」

子供は，信頼している教師に対してこのような思いを抱きます。教師は，子供のこの思いを知ったとき，幸せを感じることができます。

では，このような信頼される教師になるためには，どうしたらよいのでしょうか。

❶ 教職に対する強い情熱をもつ

〈1〉 子供に対する愛情

子供は，教師の接し方を敏感に捉えます。子供にとって，教師が自分のことをどれだけ見ていてくれるかということは，とても重要なことです。教師にはそのつもりはなくても，子供は「ひいきしている」と感じてしまうこともあります。教師は，どの子供に対しても公平に愛情をもって接することが大切です。

〈2〉 常に学び続ける向上心

学習指導，部活動指導，学校の校務分掌などの仕事には，苦手だなと思うこともあります。でも，何事も経験し，挑戦することが大切です。経験することで少しずつ慣れ，できるようになっていきます。困ったら周りの先輩方が助けてくれます。挑戦には，成功か成長しかありません。「まずやってみる」の精神で取り組んでいきましょう。

ワンポイントメモ「心からの共感」

子供たちと一緒に涙を流す。腹の底から笑う。跳び上がるほど驚く。この一体感が，子供と教師の絆を強いものにします。

---

❷ 教育の専門家としての確かな力量を高める

〈1〉 子供理解力

子供の心をつかむことも，子供から信頼されるために必要なことです。

休み時間になると，小学校では校庭で子供たちと一緒に駆け回る教師がいます。中学校では，教室で子供たちと談笑する教師の姿があります。

子供とともに過ごす時間が長くなれば，子供のことがだんだん理解できるようになります。子供一人一人とコミュニケーションを図り，子供のよいところを見つけ，互いの心を通い合わせることで，子供との信頼関係を築くことができるのです。

子供とともに学び，子供とともに汗や涙を流し，子供とともに感動を味わう，そのような教師の子供への愛情と責任感のある姿は，子供たちの心に深く響くことでしょう。

〈2〉 授業力

教師は，授業で子供が資質・能力を身に付けられるようにするために，授業力を高めていき

ます。授業の導入，学習課題への迫らせ方，苦手な子供への支援などについて教材研究を重ねることで，教師は授業力を高めることができます。たとえ，その1時間がうまくいかなかったとしても，教材研究をした時間は無駄にはなりません。その授業を迎えるために試行錯誤した営みが，次の授業につながっていくのです。日々忙しく，時間は限られています。限られた時間を有効に活用し，教材研究に努めましょう。また，時間をつくって，読書をしましょう。日常と離れて普段はやらない体験をしてみましょう。様々な研修会に参加するのもよいです。

〈3〉指導力

　子供たちは，何でも言うことを聞いてくれる教師を好きなわけではありません。いけないことはいけないと，正義感をもって接してくれる教師に安心感や信頼感を抱きます。ときには優しく，ときには厳しく，「褒める」こともあれば，涙を流して「叱る」こともあります。子供の成長を願い，子供に寄り添うことが指導の基本です。

ワンポイントメモ「褒め方・叱り方」

　大人だって褒められればうれしいですよね。何もかも褒めるのではなく，努力したことを的確に捉え，タイミングよく褒めましょう。そして，褒めるときはみんなの前で，叱るときはその子供だけにしましょう。子供にもプライドはあります。教師の言動によって，そのプライドが高くなったり，傷ついたりするのです。

---

❸ 総合的な人間力を育む

　人は力で動くのではなく，心で動きます。教師が素直で正直であれば，子供たちは安心して教師についてきます。何かあったときは，教師も子供と一緒になって熱くなり冷静さを欠いてしまわないようにしたいです。まずは話を聞きましょう。そして，冷静に状況や事情を把握しましょう。その上で，解決策を考えましょう。

　子供たちの思いを真正面から受け止め，子供たちとともに考え，子供たちに真剣に向き合える人間力を育みましょう。

1

学級づくりの心得（学級づくりの基本的な考え方）

子供と教師のふれあい

・生活記録　・休み時間の遊び
・日常会話　・学級通信
・給食　・学校行事　・授業

子供同士のふれあい

・学級会　・班会議　・学級レク
・児童会活動　・生徒会活動　・授業
・給食　・学校行事　・クラブ活動

保護者
地域社会

一人一人が輝く温かい学級

個　人

○役割の自覚
○学級への所属感
○自己有用感
○参画の意識

集　団

○多様性の受容
○良好な人間関係
○集団としての一体感

　教師にとって学級づくりは，日々の集団生活の繰り返しの中で，その学級固有の文化をつくり上げていく，息の長い地道な取組です。

　勉強が苦手な子供，集団生活になじめない子供など，学級には様々な子供がいます。そのような中で一人一人が「役割の自覚」をもてるようにすることで，子供は「学級への所属感」や「自己有用感」を感じることができ，集団への「参画の意識」を高めていきます。個人が輝くとき，その集合体としての学級は「多様性の受容」と「良好な人間関係」を土台に，「集団としての一体感」のある温かい集団へと成長していきます。

　教師は，子供の中に入って一緒に楽しんだり，ちょっとした時間に会話を交わしたりして，ふれあいを通して子供の声を聞ける関係になりたいものです。子供の目線でものごとを捉えることで，教師と子供とが互いに向き合い，尊重し合うことができます。そして，子供相互のふれあいが活発になるよう，教師と子供の信頼関係を基に支援できる存在になるとよいでしょう。

温かい学級とは，「お互いの信頼関係の下で，集団生活を気持ちよく送ることのできる学級」です。そのためには，以下のことに留意しながら学級づくりをしましょう。

❶ 深い子供理解

目に見えている事実だけでなく，ものの見方や感じ方，価値観，生活の背景も含め，多面的に子供を知るようにしましょう。「よく見る」「よく聞く」「よく話す」を常に心がけます。学級の中のあまり目立たない子供を，意識的によく見るようにすることも大切な視点です。

〈子供を捉える場〉
生活日記，授業記録，学習記録，友達の話，前担任の話，保護者の話，家庭での様子，給食や休み時間での様子，登下校の様子　など

❷ 教師と子供との信頼関係

子供との信頼関係を築き，子供が安心できる温かい学級づくりをしていくために，以下のことに心がけましょう。

〈教師として心がけたいこと〉
○明るい挨拶や声かけ　○清潔な身なり　○明るく豊かな表情　○思いやりのある言動
○だれにでも平等な姿勢　○子供の声に耳を傾ける姿勢　○きぜんとした態度
○自分のことを顧みる姿勢　○臨機応変に対応する柔軟性　○整理整頓された教室
○授業の開始・終了時間の厳守　○配付物・返却物等の正確・迅速・丁寧な処理

❸ きめ細かい指導の繰り返し

教師は，子供に対していろいろな形で「愛情」を注ぎます。この教師の「愛情」に対して，反対の行為は「放任」または「無関心」です。教師は常に子供を捉えて，「褒める」「認める」と「叱る」を場に応じて行うことが大切です。第4章「子供理解編」も参考に，子供を正しく理解し，「褒める」ことや「叱る」ことも含め，子供との最善の接し方を模索しましょう。

❹ 子供同士のよりよい人間関係の構築

子供が規律を守り，お互いを認め合える雰囲気づくりをしましょう。安心して意見を言える，それをしっかりと聞いてあげられる雰囲気が大切です。授業だけでなく，給食や休み時間，登下校のときの様子を観察し，子供同士の人間関係とその変化を把握しましょう。

❺ 家庭との密な連携

保護者との連絡を密にしましょう。保護者と共通理解を図り，目の前の子供をともに育てていきたいという意識で接することが大切です。気になることがある場合には，電話や家庭訪問で保護者と直接，対話します。大きな事案ほど，電話で済ませようとせず，家庭訪問するのがセオリーです。また，指導すべき事案ばかりでなく，「今日学校でこんなよい姿を見ることができました」ということも積極的に伝えたいです。

Q5 教師（学級担任）としての心構えは何ですか？

❶ 情熱あふれる教師になる

○教師の誠意は必ず子供に伝わる

○10回の電話より1回の家庭訪問

○短期でなく子供の将来を見据えて指導する

❷ 子供主体の授業実践をする

○魅力ある教材開発・研究をする

○「主体的・対話的で深い学び」の授業実践

○日々の授業の開始と終了時刻を厳守

❸ 人間力を磨く

○人生の先輩として生き方を語る

○子供は教師を見抜く…口だけではだめ

○遊びの中から真の子供の姿を捉える

❹ 子供と対話をする

○対話のスタートはあいさつである

○近寄ってこない子供にこそ話しかける

○日々の生活ノートで対話をする

❺ 一人一人を大切にする

○子供を嫌えば子供からも嫌われる

○一人一人に自己有用感をもたせる

○個に応じた指導や言葉がけをする

❻ 感動の体験をさせる

○感動は子供を大きく成長させる

○感動＝夢＋努力

○褒め方，叱り方の工夫

❼ 教師としての力量をつける

○先輩の教師から技術・指導法を盗む

○10年間続けてこそ自分のものになる

○子供，保護者，地域から信頼を得る

❽ 生活（社会）のルールを教える

○形は心を整え，心は形に表れる

○厳しい社会のルールを教える

○悪くなろうと思っている子供はいない

❾ 1学期（4か月）を大切にする

○生活習慣を身に付けさせる時期

○子供とともにがんばる姿勢

○早期発見と早期対応が大切

❿ 常に学び続ける

○常に子供のことを真剣に考える教師

○結果が出ないときは方法を見直す

○社会の変化に対応できる教師

Q6　子供たちを迎える環境をどのように整えるとよいですか？

　初めて子供たちが入る教室は，明るく清潔感があり，気持ちのよい安心・安全な場所であることが大切です。次の4つの条件および掲示の5原則をおさえておきましょう。

〈教室環境に必要な4つの条件〉

①新鮮さ…前年度からの古い掲示物などは取り除き，生花や鉢植えの花を飾りましょう。

②衛生的…テレビやロッカーの上のほこりを落とし，汚れた雑巾などは取り替えましょう。

③関心を高める工夫…今年の抱負をメッセージにして，丁寧な文字で黒板に書きましょう。

④調和とバランス…子供とともに教科のバランスや色彩の調和などを考えましょう。

〈教室掲示の5原則〉

①機能性…学びの振り返りができる掲示物があるとよい。

②温かさ…子供の氏名があるものは，認める朱や印を入れる。

③美しさ…配置を美しく，きれいに掲示する。

④分かりやすさ…字の大きさや表記などを分かりやすくする。

　前面掲示は，シンプルな掲示を心がけていくといいでしょう。

⑤子供の活動の姿…写真や学習記録を活用して子供の姿が見えるようにする。

Q7　出会いを大切にしてスタートするために心がけることは何ですか？

❶ 明るくはきはきとした声でユーモアのある自己紹介と抱負

・自分らしい自己紹介を心がけ，得意技を披露したり何か具体物を見せたりして，子供の心に残るような工夫をするとよいでしょう。

・学級通信に自己紹介と学級への思いや抱負を載せておくと効果的です。

❷ 正確な点呼

・読むことが難しい名前がたくさんあります。名前の読み方を確認して，間違えないように必ず練習をして正確に呼びましょう。

❸ 欠席者の確認

・欠席の連絡がない場合は，必ず電話確認をしましょう。欠席した場合，翌日の連絡を電話や連絡帳で必ず伝えましょう。

❹ 確実な配付と提出物の確認

・教科書などの配付や翌日の提出物などが確実にできたか確認し，過不足はその日のうちに同僚に聞いて解決しておきましょう。

Q8 ▶ 「黄金の３日間」とはどのような意味ですか？

> 新年度の最初の３日間，これはその後の１年間を左右する重要なときである。
> 最初の３日間に，学級をきちんと組み立てればその後はうまくいくであろう。
> 最初の３日間，のほほんとくらせば見るも無残，聞くも悲惨な学級になるだろう。

　これは，向山洋一氏が『教え方のプロ・向山洋一全集４　最初の三日で学級を組織する』（明治図書）で述べている言葉です。

　「黄金の３日間」とは，４月始業式の学級開きから始まる３日間のことを指します。

　不安と期待を持って新学年を迎える子供たちですが，素直であり，教師の言うことをよく聞く時期でもあります。この３日間に，全力を注ぎ，学級の組織をつくり上げたいものです。

Q9 ▶ 「黄金の３日間」の目標は何ですか？

　子供一人一人の不安を期待に変え，教師としての統率力を見せることです。明るく温かく接する中で，子供たちにやる気を起こさせ，そのわき起こるやる気を実行に移せるように仕向けることが大切です。すなわち，学級担任として学級全体や子供一人一人との人間関係を築きながら，学級でのルールやシステムづくりをこの３日間に行うようにします。

Q10 ▶ 「黄金の３日間」に向けての準備や心構えは何ですか？

　学級開きで子供たちと対面するときの緊張感は，新任教師だけでなくベテラン教師にもあります。学級開き前の時間が勝負です。黄金の３日間を想定して準備しなければなりません。「備えあれば憂いなし」です。実際に教室に立って，先輩の先生に自身の話す内容や姿勢を指導・助言してもらう心構えが必要です。具体的には，次のものがあります。

> ①学級の子供の名前を覚える。
>
> 　・名簿順に暗唱し，顔の見分けがつくように写真などを見ておくとよい。
>
> ②健康調査，指導要録などから一人一人の情報を引き出し，重要なことは書き残す。
>
> ③１年間通して言い続ける言葉をもつ。
>
> 　（例）温かい心のあるクラス，けじめのあるクラスなど。
>
> ④印象に残る話の一こまを決める。
>
> 　（例）写真や手品など用いたメッセージなど
>
> ⑤黒板メッセージを書き，学級通信を準備する。
>
> ⑥下駄箱，ロッカー，座席を決める。
>
> ⑦朝の会・帰りの会，日直の仕事，学級係などについて決める。

Q11 ▶ 「黄金の３日間」では具体的にどんなことをするのですか？

　１日目に子供をつかみ，２日目と３日目は子供たちとともに学級組織を築き上げていきます。教師の願いや想いを具体的な場面で伝え，ルールづくりをしていき，うまくできたら褒めましょう。指示が通ることが第一歩だからです。子供の細かい反応も見逃さず，指導に役立てるようにします。以下は，３日間に行う内容の例です。

❶ １日目「よき出会いのドラマを演出し，不安を安心に変える」

　「すばらしい」「さすが」「いいよ」「輝いているよ」「ありがとう」などプラスの言葉を多く発しながら，時にはユーモアを交えて子供の心をつかむよう心がけましょう。

担任発表	大きな声で返事をし，にこやかに子供たちを見渡す。
学級開き	・挨拶　・自己紹介　・点呼　・とっておきの一コマ ・どんなクラスにしたいかの方針（学級通信や黒板のメッセージ）
連絡	明日の連絡や持ち物，自己紹介などの宿題を伝える。

（参考）「先生が叱るときの３点」を以下のように伝えてもよい。

　　　①いじめや差別があったとき　②命に関わる危険なことがあったとき

　　　③同じことを２，３度注意されても改めようとしないとき

❷ ２日目「学級づくりのレッスンと思い，基本的なシステムづくりを行う」

　１日目に伝えた教師の願いを授業場面で具体化して証明していくとよいです。

始業前	担任が教室で待ち，雑談をするなど人間関係を築く機会をもつ。
自己紹介 １年間の目標 級訓決め 学級係・委員会 朝・帰りの会 日直の仕事など	※手伝いを進んで行う，教師の見えないところでがんばるなど，教師の願いや想いを実行している望ましい行動を褒める。また，当たり前のことが当たり前にきちんとできていれば褒める。 ※整理整頓や持ち物の点検（机の中，ロッカー，げた箱，筆箱の中）をする。 ※言葉遣いは，気になったら言い直すように促す。

❸ ３日目「１年間を貫く授業のルールづくりと思い，基本的なシステムづくりを行う」

　子供たちも緊張が解け始め，システムが機能し始めるときです。学級でのルールや教師との約束など１日目に行ったことができているかを確かめ，褒めたいものです。

始業前	担任が教室で待ち，雑談をするなど人間関係を築く機会をもつ。
給食当番 各教科の授業 学級掲示など （身体測定） レクリエーション	※様々な活動の中で子供同士の人間関係から，実態をつかみながら声がけや指導を行う。 ※教科の授業を始めるときは，進度よりも態度面を重視して進める。手の挙げ方，話の聞き方，ハンドサインを含めた姿勢，ノートの丁寧な書き方，鉛筆の持ち方など。 ※放課は，教室にいたり子供と一緒に遊んだりする。教室にいると，友達が少ない子供や先生と話したい子供と話す機会がもてる。

〈引用文献〉『中学の学級経営 黄金のスタートを切る"３日間のネタ"110』向山洋一・田上善浩編（明治図書）

学級 診断表　①子供の様子　　　　　　　（　　月　　日　　　年　　組）

場面	番号	チェックする観点	○△×
朝の会	1	朝，子供が大きな声で教師や友達に挨拶できる。	
	2	換気に心がけ，窓が開閉されている。	
	3	机の中，ロッカーの中の物がきちんと整頓されている。	
	4	日直や係の仕事が分担され，会がきちんと運営されている。	
	5	欠席者の様子を気にかけ，配慮しようとする子供がいる。	
学習時	6	子供が，授業の開始時刻には席に着いている。	
	7	用具等を忘れずに，授業のはじめにきちんと用意されている。	
	8	話す人の方に体をきちんと向け，うなずきながら話を聞くことができる。	
	9	正しい姿勢（机の位置，背筋，足，鉛筆の持ち方等）ができている。	
	10	指示された活動をきちんと行ったり，自分で考えて工夫したりしている。	
業間時	11	外で元気よく遊んだり，級友と和やかに過ごしたりしている。	
	12	教室内，廊下などを走り回るなどせず，安全に注意して過ごせる。	
	13	使った物や道具を大切に扱い，後片付けができる。	
	14	一人でいる子には，仲間に入れようと声をかける子供がいる。	
	15	普段と様子が異なる子供がいた場合，担任に報告できる。	
給食時	16	給食当番の身支度（マスク，つめ，髪，消毒）がきちんとできている。	
	17	給食当番以外の子供が，手洗いをしっかり行い，静かに待つことができる。	
	18	給食当番や教師の給食の配膳を進んですることができる。	
	19	食器に盛りつけた分を時間までに残さず食べることができる。	
	20	食事のマナーを守って食べ，食器をきれいにして片付けている。	
清掃時	21	始まりの時間にきちんと開始し，終わりの時間まで集中してできる。	
	22	自分の仕事の分担が分かっていて，友達と協力して清掃できる。	
	23	清掃道具を大切に扱い，掃除が終わった後にきちんと整理整頓ができる。	
	24	ごみ捨てがきちんとなされている。	
	25	反省会をして，自分たちの活動の振り返りができている。	
帰り・下校	26	明日の連絡をきちんと聞いたり，メモしたりすることができる。	
	27	欠席者のプリント等が整理されている。	
	28	帰りの会後，速やかに下校したり，部活動に向かったりする。	
	29	安全に注意し，他の迷惑にならないように下校している。	
	30	防犯ホイッスル・防犯ブザー・（ヘルメット）を着用して，通学路を下校している。	

学級 診断表　②教師の働きかけ　　　　　　（　　月　　日　　　年　　組）

場面	番号	観点	
朝	1	欠席者の連絡や出席した子供の体調をきちんと確認している。	
授業	2	態度や人格的な育成も配慮し，子供の目を見て，授業を展開している。	
業間	3	子供と一緒に遊ぶなど，様々な子供に目を向けている。	
給食	4	給食時のマナーの指導とともに，和やかな雰囲気で食べられるよう配慮している。	
清掃	5	子供といっしょに掃除に取り組み，分担区域の清掃状況を把握している。	
帰り	6	教室内の環境を点検し，欠席の家庭との連携を図っている。	

※この表は指導をするときの目安です。

授業 診断表　　　　　　　　　（　　月　　日　　時限目　　　年　　組）

教科：		単元・題材名：	／70		
番号	項目	チェックする観点	○	△	×
1	教室環境	教室掲示，教室内の整頓がされ，学習環境が整っている。			
2	準備・工夫	教材研究をし，課題にあった教材・教具の準備ができている。			
3	準備・工夫	子供の実態を把握し，興味・関心を引き出す工夫ができている。			
4	挨拶	始めと終わりを大切にし，挨拶がしっかりできている。			
5	姿勢	姿勢，鉛筆の持ち方などに配慮している。			
6	話す姿勢	子供が聞き手に体を向け，適切な声量・速さで，語尾までしっかり言えている。			
7	聞く姿勢	子供の聞く姿勢（話す人の目を見て聞く）がきちんとできている。			
8	表情	明るい表情で子供たちに接している。			
9	学習課題	本時の目標に合った適切な学習課題が，明示されている。			
10	目標	目標達成に向けた授業展開ができている。			
11	学習形態	ねらいに合った学習形態（グループ，ペア，個人）が工夫されている。			
12	発問	発問の仕方を工夫して，よい反応を引き出そうとしている。			
13	配慮	子供のつぶやきを無視しないで，授業に取り入れて展開している。			
14	配慮	子供の活躍の場，活動の場を授業の中に設定している。			
15	配慮	最前列，最後列の子供にもよく見えるように，提示法を配慮している。			
16	配慮	個への配慮を心がけ，全員が授業に参加できるようにしている。			
17	机間指導	机間指導を行い，個に応じた指導を心がけることができている。			
18	机間指導	机間指導の際，白紙の座席表・名簿を持って実態把握をしている。			
19	安全	安全面を第一に教師の立つ位置の配慮をしている。			
20	安全	教材・教具・器具などの安全な使用がされている。			
21	板書	授業の流れが分かるように配置を工夫して書かれた板書である。			
22	板書	チョークの色を使い分け，誰にでも読みやすい文字で板書をしている。			
23	板書	発言者が分かるように，ネームプレートを黒板に貼って活用している。			
24	受容・賞賛	「なるほど」「すごいね」など，発言に対して共感的に受けとめている。			
25	対応修正	子供の反応を見て，計画を修正し，現状に合う活動ができている。			
26	対応変化	「詳しく説明して」などの切り返し（教師の出場）が適切である。			
27	雰囲気	熱心な態度で授業を受ける雰囲気づくりができている。			
28	雰囲気	発表をしたとき，クラスで称賛するよい雰囲気づくりができている。			
29	雰囲気	間違った意見を言っても，次に発言できる雰囲気づくりができている。			
30	時間	決まった時間で始まり，終わりも延長していない。			
31	評価	学習課題を達成できたか，適正な評価を行うことができる。			
32	追計画	活動を通じ，個人の理解度を十分把握し，後の授業計画ができる。			
33	回収物	プリントや回収物を，子供の記録として大切に扱っている。			
34	人格形成	授業を通じて，個人の尊重や協調性などの人格を育てている。			
35	価値観	教材を通じて，教科書の知識や技術以外の価値観を育てている。			
	集計	○（十分できている）は2点，△（どちらともいえない）は1点，×は0点			

※この表は指導をするときの目安です。

1 学習指導の基本（板書の仕方）

Q12 ▶ 板書をするときどのようなことに気を付けて書けばよいですか？

❶ 板書の3原則

・正しく　・美しく　・適度な速さ で，特に筆順には気を付けましょう。

❷ 姿勢

頭上の位置で書くように心がけます。黒板の下の方は，姿勢を低くして書きます。体で隠さないようにしましょう。

❸ チョークの持ち方・書き方

チョークを手の平の中へ入れるようにし，親指と人差し指ではさみ，中指，薬指もチョークに添えて持ちます。書くときは，チョークを回しながら書くと常にとがった部分が黒板にあたり，書きやすくなります。

チョークの持ち方

❹ 文字の大きさ

ノートに書く文字の10倍くらいがめどです。

・小学校低学年　　　　　10〜15cm角（50字）

・小学校中学年　　　　　8〜12cm角（100字）

・小学校高学年以上　　　5〜10cm角（150字）

〈基本的な色チョークの使い分けの例〉

・白―学習問題や，本文の記述，事実
・黄―子供の意見や疑問（ノートには青で）
・赤―学習課題を囲む，大事な言葉に線を引く
＊道徳では，思いを白，叙述は黄。特活では，思いを白，話し合う項目や決定事項を黄とします。
＊その他，青・緑・茶などの色は，囲み枠や矢印などのポイントに使うようにします。

---

❺ 板書の位置

〈1〉一般的には，右図網掛けの部分を使うとよいでしょう。E・Fの場所は見にくいため注意しましょう。

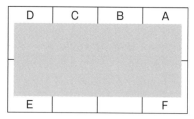

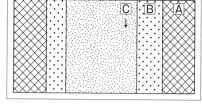

縦書き板書の場合

〈2〉縦書き板書の場合は，内容の多少により Ａ・Ｂ・Ｃ の場所を使い分けましょう。

〈3〉横書きの場合は2つのまとまりにすると見やすくなります。

横書き板書の場合

❻ 板書の内容

〈1〉意図的・計画的な板書を！

教材研究と合わせて，板書計画を考えておきます。キーワードを短くまとめて書きます。

〈2〉構造的な板書を！

授業後，1時間の学習を振り返ることができるような板書を心がけることが大切です。矢印，囲み枠，色チョークなどを効果的に使い，構造的な板書を心がけます。

❶ 聞くとき

〈1〉 背筋を伸ばし，足の裏は床にしっかり着けます。

〈2〉 足はやや開き気味にし，手はももの上に置きます。

〈3〉 話し手の表情を見ながら聞きます。

〈4〉 うなずいたり相槌を打ったりしながら聞きます。

〈5〉 話は最後まで聞き，分からないことは後で質問します。

※体の大きさに合うように机，椅子の高さを調節することはとても大切な配慮です。

❷ 読むとき

〈1〉 座って読むとき

ア　本の下の方を両手でしっかりと持って立てます。

（肘は伸ばしきらなくてもよい。）

イ　腹と机の間は，こぶし一つ分くらい空けます。

ウ　本と目の間は，30cmくらい空けます。

〈2〉 立って読むとき

ア　背骨を伸ばして足をやや開き，肩の力を抜きます。

イ　肩より少し低いところで本を持ちます。

❸ 書くとき

合言葉は
ぺた
ぴんとん

〈1〉 椅子に浅めに座り，背筋を伸ばして足の裏を床に着けます。

〈2〉 左手でノートの左下を押さえます。（右利きの場合）

〈3〉 腹と机の間は，こぶし一つ分くらい空けます。

※正しい鉛筆の持ち方については，p.27（ノートの取り方）参照
正しい鉛筆の持ち方を根気よく指導します。

❹ 話すとき

〈1〉 背筋を伸ばし，顔を上げて，丁寧な言葉を使います。

〈2〉 聞き手を見て，反応を見ながら話すようにします。具体物を示したり，教材提示装置などを利用したりする場合は，見やすさにも気を付けます。目線を上げ，聞き手に体を向けて話すように心がけましょう。

Q14 ▶ 発問を考えるときに気を付けることは何ですか？（内容）

　発問は，主体的・対話的で深い学びのある授業になるか，教師主導と言われるような授業になるかを左右する重要な教師の営みです。発問の種類としては，本時の学習問題に直結する「主発問」，主発問に迫る「補助発問」，授業に新しい視点を加えたり，学びを深めたりする「切り返しの発問」などがあります。まずは，本時の中心の学習活動にかかわる主発問を吟味しましょう。その際の注意としては，次のようなことが考えられます。

❶ 一問一答式にならない発問

　「子供の意見がかかわり合う」「子供の考えが広がる・深まる」発問を考えましょう。

　例：「～のとき，○○はどんな気持ちでいたのでしょうか」「計算を工夫してみましょう」「なぜ，○○なのでしょうか」「○○には，どんなひみつがあるのでしょうか」など

❷ 授業の深まりにつながる発問

　子供は，発問に何と答えるのでしょうか。その答えは根拠のあるものでしょうか。それとも，予想や思いで考えを広げるものでしょうか。そして，その答えは教師がねらう授業展開に近づくでしょうか。このように，予想される答えを考えると，発問が磨かれて授業が深まります。

❸ 子供の意欲を喚起する発問

　発問によって，子供の目が輝き「予想と違う」「なぜだろう」「もっとよい方法はないのかな」「みんなはどう考えているのかな」など，意欲が高まったり，対話が生まれたりするように考えましょう。

Q15 ▶ 発問をするときに気を付けることは何ですか？（技術）

❶ 教師の姿勢

〈1〉一呼吸おき，全員の意識がむいているのを確認し，子供たちの反応を把握しながら発問します。子供が作業していたり，つぶやいていたりするときに発問しても徹底できません。

〈2〉役者になり，表情や身振りもつけて発問するようにします。

〈3〉一度で子供たち全員が内容を把握できるように発問します。繰り返したり，言い換えたりしないようにします。子供の反応に迷いが見られたときは，その発問はよくない証拠です。

〈4〉すぐに挙手を求めるのではなく，子供が考える間を十分に取ります。

〈声のポイント〉

〈1〉ゆっくりと聞き取りやすい声の大きさで発問します。

〈2〉簡潔にはっきり，適度に抑揚をつけて大切なことが伝わるようにします。

〈3〉子供の発達段階に応じた言葉遣いを心がけます。

Q16 ▶ ノート指導で留意することは何ですか？

①子供の発達段階に適した形式（字数・行数など）のノートを選びます。

②前から順序よく使い，行間を詰め過ぎたり，無駄な空白はつくったりしないように指導します。

③余分なことを書いたり，破ったりしないように指導します。

④書き方見本をノートに貼らせたり，うまくまとめられたノートを紹介したりすると効果的です。

⑤文字や数字は正しく書かせます。文字の基本点画（とめ・はらい・はね）は，常に意識します。数字には直体（小学校低学年）と斜体（小学校３年生以上）があります。中心から15度傾けて書くと，美しい斜体の数字が書けます。「も・や・ら」などの筆順や「０・５・８・９」などの書く方向を，低学年のうちに正しく身に付けさせることが大事です。

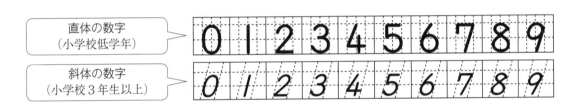

直体の数字
（小学校低学年）

0 1 2 3 4 5 6 7 8 9

斜体の数字
（小学校３年生以上）

0 1 2 3 4 5 6 7 8 9

Q17 ▶ 子供が使う鉛筆について留意することは何ですか？

❶ 濃さ

筆圧を考えると，小学校入学当時は「２Ｂ〜Ｂ」，小１〜２年は「Ｂ」，小３年以上は「ＨＢ」が適当です。

❷ 本数

ア　鉛筆は５本程度用意し，必ず記名するように指導します。

イ　赤鉛筆（ペン）を用意させます。青鉛筆（ペン）も持たせておくと便利です。

ウ　子供が学習に集中できるように筆箱の中は必要なものだけにし，華美なもの，余分なものは持ってこないように指導します。

❸ 正しい持ち方

ア　削ってあるところの少し上を親指と人差し指で持ち，中指の横を鉛筆に軽く添えます。

イ　人差し指は，かどばらないように軽く曲げ，親指より少し前へ出します。

ウ　親指は軽く外に曲げ，手の平に薬指，小指がつかないようにします。

Q18 話し方・聞き方指導のポイントは何ですか？

❶ 話し方指導

〈1〉発言のルールを徹底しましょう

ア　返事（「はい」）を徹底します。しっかりできた子供を称賛して，習慣付けることが大事です。

はい

イ　文末まではっきり話すよう指導します。単語の言いっ放しにならないよう，普段から習慣付けることが大事です。

ウ　聞き手意識を大切にします。教師と子供の一対一のやり取りにならないようにしましょう。クラス全員に向かって話すのなら，前方の席の子は後ろを向いて話すなどの配慮が必要です。聞く態勢ができたことを確認してから話し始めます。

〈2〉声のダイヤルをつくりましょう

ア　発音・発声・声量・速さなど，実態に応じためあてをつくっておくと意識付けができます。

イ　特に，声量は学年で統一した学級掲示などがあると，常に意識することができます。

声のダイヤル　1〈小さく〉　→　2〈ふつう〉　→→　3〈大きく〉
隣の人と話す声　　グループで話す声　　クラスみんなに話す声

〈3〉「話し方」を教えましょう

学級・学年に応じた話型があると発言しやすくなります。以下，簡単な例を示します。

小低	「～さんに付け足しします」「～さんに質問です」「はじめに～次に～それから～最後に」
小中	「3つ話します。1つ目は～2つ目は～…」「～と思います。理由は～からです」
小高	「～です。例えば～，～から～と言えます」「～の部分は賛成ですが，～は～だと思います」
中学	「みんなの意見をまとめてみると～ですが，～という点については～ですか」

❷ 聞き方指導

〈1〉聞く態度を徹底しましょう

ア　話し手の方を向いて聞くことを徹底します（「へそを向ける」「目で聞きます」など）。

イ　1回で聞く習慣を付けます（全員の聞く姿勢が整うまで待つ）。

ウ　うなずいたり相槌を打ったりしながら聞きます（よさを伝え，できたら称賛する）。

〈2〉「聞き方」を教えましょう

ア　大事なことをメモする指導をします（「キーワード」の聞き取り）。

イ　「～さんの～という意見に似ていて，わたしも～」「～さんは～と言いましたが，わたしは～」など，話し手の内容を受けて発言する練習をすると，話し合いが深まります。

1 学習指導の基本（教材研究の仕方）

　教材研究をする際に留意することは，この教材を通して目の前の子供たちに，どんな力を身に付けさせたいのか，そのためにどんな手だてを講じるのか。そのために何を教えなければならないのかを考えることが必要になります。このことを曖昧にしていくと，学習のねらいが広がってしまい，子供たちが何を学んでいるのかが分からなくなってしまいます。

❶ まず「素材」研究を

　教材以前に子供に教える目的を達成するためには，教師が「素材」と向き合い，その本質を理解していくことが不可欠です。例えば，国語科で言えば，主人公は誰か，山場はどこか，この作品の魅力は何か，主題は何かなどについて，「自分の言葉で」書き出してみるとよいでしょう。こうした取組が「素材」を教材化していく力を養うことにつながります。

　指導書や実践集に頼って「教え方」に心を向けるばかりでなく，自分の考えをもつことを心がけ，素材そのものから「学び，理解する」ことで教える方法を見いだすようにしましょう。

❷ 次に「教材」研究を

　素材そのものの本質が分かると「どんな力を身に付けさせるのか」が見えてきます。「教材研究」とは，教える側が「教える材料としての研究を行う」という意味であり，その核となるのが，「この一時間で何を教えるのか」を具体的につかむことでもあります。そのためには，子供の発達段階に合わせて，「この学年で指導すべき内容」が示される学習指導要領の指導事項との関連を押さえておく必要があります。

　学習指導要領の方針にしたがって編集されている教材集が教科用図書であり，その教科書の魅力を最大限に発揮するのが教師の指導力となります。「教科書をどう扱えば，最も効率的に子供の学力を育てることにつながるのか」という観点から教材を研究していきましょう。まずは，教科書に準拠した指導書等を参考にしながら実践していき，徐々に子供の実態に応じて，自分で工夫しながら少しずつ授業を組み立てていけるように努力していきましょう。

❸ 最後に「指導法」研究を

　「何のために」「何を教えるのか」という事柄が理解できると，それを「どのように教えていくのか」について考えていくことになります。とかく，この「指導法研究」に大きな力を注ぎがちになりますが，子供と直接関わらない部分にどれだけ力を蓄えているかということが，授業の軽重や深浅を位置付けるといっても過言ではありません。「教材研究」をしっかり行った上で，発問や指示，板書，説明などの内容や指導法を十分に吟味するようにしましょう。

　なお，岡崎市教育ネットワーク（OK リンク）において教材研究を支援するツールや参考資料を多数紹介しています。これらを積極的に活用し，無理なく教材研究を進めるようにします。

「主体的・対話的で深い学び」を実現するための教師支援とは

○子供の問題意識を高める学習課題の設定

・初発の感想における子供の疑問を中心に課題設定，学習計画を立てる。

　→知りたい，分かりたい→もう一度詳しく本文を読みたい⇒読みの主体性

○授業における「対話」を中心とした学習活動の流れ

①心内対話（一人読み）…課題に対する自分の考えをつくる。

②ペア・グループ対話…少人数での交流＝「考えの広がり・深まり」

③全体対話…クラス全員との交流＝「さらなる考えの広がり・深まり」

④心内対話（振り返り）…課題に対する自分の考えを改めてまとめる。

○深い学びに導く教師の出

・子供の思考を揺さぶり，言葉に着目させる問い返しや発問，しかけ。

（例）「詳しく言うと？」「どの言葉から分かったの？」「この言葉を変えるとどう違う？」

「主体的・対話的で深い学び」をする子供の姿とは

●主体的に学ぶ…子供の意識の流れに沿った学習課題や，単元を貫く言語活動を設定することで，子供が目指すゴールを見通し，今何を学び，次に何を学ぶかを自覚しながら学ぶ姿と捉えます。

●対話的に学ぶ…子供が根拠（叙述や資料）を基に，ペア・グループ・全体での対話を通して，自分の考えに自信をもったり，友達の考えから新たな考えを知ったり，つくり出したりする姿のことです。

●深い学び…子供が無意識に読んでいたものを，言葉に着目させる教師の出により，意識的な読みに変えること＝現状の言葉による見方・考え方を働かせて，新しい言葉による見方・考え方を構築する姿のことです。

Q20　話す力・聞く力を付けるためのポイントは何ですか？

①「話すこと」では，【身近なことや経験したことから話題を決める】→【伝え合うため，必要な事柄を選ぶ】→【話の中心となることが相手に伝わるように，話す事柄の順序を考える】→【伝えたい相手に応じて，声の大ささや速さ，間の取り方などを工夫する】→【発表を振り返る】という**指導過程をふまえる**ことが大切です。

②「聞くこと」では，話し手が知らせたいことや自分が聞きたいことを落とさないように集中して聞き，内容を捉えて感想をもつことが大切です。話すことと一緒に指導します。

③「話し合うこと」では，子供が互いの話に関心をもち，相手の発言を受けて話をつなぎ，尋ねたり応答したりする活動を取り入れましょう。少人数による活動も効果的です。

Q21 ▶ 書くことの指導はどのように進めたらよいですか？

①日記や学習記録，感想など，日常生活や授業の場面を活用して書く機会を増やすようにします。書く視点（テーマ）を与えることで目的をもって書くことができるようにしましょう。

②教科書や文集などにある作品をモデル文として活用し，子供に表現のよさ，書き方の工夫を見つけさせることで，自分の表現に生かすことができるようにしましょう。

③取材・選材，構成，記述，推敲・評価，交流の**学習過程**をふまえましょう。

④心に残る出来事の中で，本当に書きたいことを対話を通して子供と一緒に考えましょう。

⑤**伝えたいことをしっかりと決め**，それに合うエピソードは何かを考えさせましょう。

⑥「うれしい」「悲しい」などの一般的な言葉ではなく，**目，耳，口，鼻，手，心で感じた，その子ならではの表現**を大切にしましょう。

⑦子供は，先生の**朱書き**を楽しみにしています。励ましの言葉を書き添えましょう。

Q22 ▶ 物語や小説の授業の基礎・基本は何ですか？

文学的な文章の学習では，次の基礎・基本を押さえた指導をしていきます。

①時間的な順序を考えながら，場面の様子や登場人物の行動など，内容の大体を捉え，自らの体験と結び付けて感想をもつこと。（小学校低学年）

②登場人物の気持ちの変化や性格，情景など，読み取ったことに対して感想をもち，共有することで，一人一人の感じ方に違いがあることに気付くこと。（小学校中学年）

③登場人物の相互関係や心情について描写を基に捉え，内容を説明したり，自分の生き方について考えたことを伝え合ったりすることで，自分の考えを広げること。（小学校高学年）

Q23 ▶ 説明的な文章の授業で何を教えるのですか？

説明的な文章の読み取り方を教えるだけでなく，以下のような指導が大切です。

①時間的な順序や事柄の順序を考えながら，内容の大体を捉えること。文章の中の重要な語や文を選び出し，感じたことや分かったことを共有すること。図鑑や科学的なことについて書かれた本を読み，分かったことを説明すること。（小学校低学年）

②段落相互の関係に着目し，目的を意識して中心となる語や文を見つけて要約すること。文章を読んで理解したことに対して，引用をして説明したり意見を述べたりすること。記録や報告の文を読み分かったことを，本文の一部を引用して説明すること。（小学校中学年）

③目的に応じて，文章と図表を結び付け，必要な情報を見つけ，論の進め方について考えること。理解したことに基づいて自分の考えをもち，話し合うことで自分の考えを広げること。複数の文章を比較して読み，分かったことや考えたことを話し合ったり，文章にまとめたりすること。（小学校高学年）

「主体的・対話的で深い学び」を実現するための教師支援とは（書写）

○原理原則を見つけ，課題をもつために，動画，水書板，タブレットを活用する。

○相互批正を助け，姿勢や文字を整えるために，練習用紙を含めた教具を工夫する。

「主体的・対話的で深い学び」をする子供の姿とは（書写）

●文字の原理原則に照らし合わせて自分の文字を整えようとする姿です。

●意見を出し合って原理原則を見つけたり，目標に合った助言をしたりする姿です。

Q24　硬筆指導の基本的な指導事項はどのようなことですか？

❶ 書写姿勢

・背筋を伸ばし，肩の力を抜きます。左手や練習用紙の位置に気を付けます。

・左利きの場合は，鉛筆の持ち方や用具の置き方指導にも配慮が必要です。

・鉛筆に加える力が加減できるように，鉛筆体操や指の運動を取り入れます。

❷ 学習内容

・低学年では，平仮名や片仮名を正しく整えて書くことを学習します。

・止め，はね，払い，曲がり，折れ・折り返し，反りなどに気を付けて書きます。低学年では，水書活動を取り入れて運筆する能力を高めます。

・視写速度の目安は，1分間に低学年15字，中学年25字，高学年35字程度です。

Q25　毛筆指導の基本的な指導事項はどのようなことですか？

❶ 書写姿勢

・太筆の場合は，腕を机から離し，筆を大きく動かせるようにします。小筆の場合は，肘から手首までを机につけます。筆を立てて書くように声をかけましょう。

❷ 学習内容

・3・4年生は筆使いと字形を中心に学習し，5・6年生では配字・配列が加わります。中学校では，行書の学習が始まります。

・籠書き，骨書き，外形等を示した練習用紙を準備し，子供のめあてや実態に応じて選べるようにします。手を筆に見立て空中で文字を書く「空書」も有効な手だてです。

・太筆はペットボトルの水で仮洗いします。小筆は湿らせたティッシュで墨を拭います。

Q26　校内書き初め会での担任の役割は何ですか？

・落ち着いた雰囲気をつくり，時間まで集中して取り組めるように配慮します。

・評価の観点や作品づくりのポイントを示し，めあてをもたせます。

・自己評価を尊重するとともに，個人の伸びを見つけ，称賛します。

「主体的・対話的で深い学び」を実現するための教師支援とは？

○実物教材や写真，グラフ等を提示して，「？」と驚きや矛盾を子供に抱かせます。こういった「？」から，「なぜこうなっているの？」や「どのようになっているの？」という単元を貫く学習課題につなげます。

○学習課題について予想をさせます。予想をもとに，調べ学習の計画を立てるようにします。調べ学習には，見学や資料を使った調べ学習等があります。また，見学で聞き取り調査を行えば，対話的な学習になります。

○調べ学習で分かったことや考えたことを根拠に，学習課題について話し合う場を設定します。子供たちは，自分の考えを広げ，深めることができます。

「主体的・対話的で深い学び」をする子供の姿とは

●主体的に学ぶ…「問題意識（問い）をもつ」，「予想をし，調べたいことや調べる見通しがもてる」，「調べたことから新たな疑問が見つかる」といった姿です。

●対話的に学ぶ…社会科では，「友達」と話し合うだけでなく，見学学習での「インタビュー」や「ゲストティーチャーとの質疑応答」なども，対話的な学びと捉えます。

●深く学ぶ…社会的な見方・考え方（視点）を働かせることで，社会的事象の意味や自分と社会とのつながりについて考える深い学びの姿が実現します。

Q27 ▶ 単元の導入で問題意識をもたせるよい方法はありますか？

〈例〉　単元：島おこしに取り組むまち　佐久島（小学校４年生）

①佐久島の写真を観察して，感想や知っていること，素朴な疑問を発表する。

↓

②グラフを提示し，佐久島観光客数の推移を読み取る。

↓

【問題意識】「どうして，減っていた観光客が増え始めたのか」（社会的な見方・考え方）

↓

③①の写真・既有の知識を手がかりに予想をする。

↓

（問題意識を学習課題につなげていく）

↓

【学習課題】「佐久島に住む人々は，どのような島おこしに取り組んでいるか」

　問題意識をもたせるときには，見学の意欲付けや視点づくり，見学や調べの必然性，単元を貫く学習課題につながるようにしていくとよいでしょう。

Q28 ▶ 調べ学習はどのように進めたらよいですか？

　調べ学習は，学習課題の設定後，追究段階において課題解決の根拠を得るために行われます。その手順の一例を示します。

①子供の「調べたいな」という意欲を高める
　意欲を高めるツールは主に教材と発問です。p.26（発問の仕方）を参照しましょう。
②調べる視点を定める
　授業において，分からない，知りたいことを洗い出しておくことで，安易に資料を写すだけではない，無駄のない調べができます。
③調べる方法と範囲を示す
　安易に図書室に行くだけ，ネットを開くだけ，では，大海原から宝物を発見する活動になります。方法と，範囲をきちんと示すことで，時間を有効活用できます。
④調べたことをどう生かすか見通しを立てる
　調べた後，話し合い・発表会・模造紙・紙芝居・新聞など，どのような方法で活用するかの見通しを立て，前もって子供に知らせておく必要があります。

　調べ学習は，楽しい学習活動です。資料が難しいときには，教師が自作の資料を作成するなど工夫するとよいでしょう。また，調べた内容をメモし，まとめる際には「調べたこと」と「そこから分かったことや考えたこと」を分けて記述するように指導しましょう。社会科では，事実を根拠にする必要があります（後述）。事実とそうでないことの混同を避けましょう。

Q29 ▶ 見学前の指導はどう進めたらよいですか？

〈見学前に必要なこと〉

①下見をして，見学対象と内容，危険場所の確認と打ち合わせをしておく。

②現地での見学活動に向けて共通の認識をもたせるために，子供の生活経験や興味・関心を引き出すような話し合いの場を設定する。その上で，見学で解決したい自分の課題や視点を明確にさせておく。

③見学カードを用意し，「見る場所」，「自分の課題」，「自分の予想」，「分かったこと」などの項目を入れ込んでおく。あらかじめ「見る場所」，「自分の課題」，「自分の予想」を書かせておく。

　見学は，調べ活動の一つに位置付けられます。つまり，学習課題を解決するために，「見てこなければ分からない」「本で調べたことって本当なのか見てみたい」という意欲を高めた上で見学に行く必要があります。この意欲が高まっていると，おのずと何を見てくるべきなのかという「視点」を定めることができます。見つけさせたいこと，気付かせたいこと，聞き取らせたいことを整理した上で見学に向かうようにしましょう。

Q30 ▶ 見学後の指導はどのように進めたらよいですか？

　視点を定めた見学によって，子供たちは様々なことを見聞きしてきます。多面的な追究をするためには，それぞれの子供がつかんだ事実や自分の考えを学級全体で共有することが大切です。そのためには，まとめたり発表したりする学習活動を仕組むことが必要になります。この学習活動には，模造紙やプレゼンテーションソフトでまとめたり，新聞や紙芝居を作ったり，寸劇で表現したりするなどの多様な方法が考えられます。見学の状況に応じて，課題や視点別にグループでまとめさせるのも効果的です。ポスターセッションやワークショップなどの発表方法を工夫するのもよいでしょう。

　ただし，忘れてはならないのは，まとめて発表することが決して学習のゴールではないということです。見学で見つけた事実をみんなで確かめ合い，共有することが重要なのです。

〈見学後に必要なこと〉
①記憶が確かな早い時期に，つかんだ事実や自分の考えを整理させておく。
②子供の実態や発達段階に合ったまとめ方や発表方法を指導し，その準備を促す。
③まとめや発表の際には，事実だけでなく，思ったことや新たな疑問なども併せて表現させる。

Q31 ▶ 何のために話し合いをさせるのですか？

　社会科の授業は，「調べる→まとめる→発表する」だけでなく，「つなげて考える」活動が必要です。そのための重要な活動が，話し合い（関わり合い）になります。多面的な追究のために話し合うのです。そうした話し合いを成立させるためには，次のことを考えるとよいでしょう。

❶ 何について話し合うか
　話し合いをしたつもりが「発表のし合い」になってしまうことがよくあります。これは，学習課題が「どんな工夫があったかな」と答えを羅列する課題にしてしまったことが原因であることが多いです。「どうして○○なのだろうか」「○○は必要なのだろうか」という，「調べてみたい」と思うことができる学習課題を設定しましょう。

❷ 何をもとに話し合うか
　見学や調べ活動から得た事実を基に話し合います。つかんだ事実が確かであれば考えの根拠がしっかりしたものになり，説得力をもちます。子供が，どれほど事実に基づいた確かな根拠をもって話し合いに参加できるかが勝負です。
　考えの根拠を分かりやすく伝えるように，調べ活動や見学で得た具体物や資料を提示するよう指導するとよいでしょう。

　話し合いで，自分とは違った根拠に基づく友達の考えを聞くことにより，学習課題に対して多面的に考えることができます。話し合いによって，いろいろな見方や考え方ができるようになるのです。

「主体的・対話的で深い学び」を実現するための教師支援とは

○見通し，振り返りの活動を充実させます。

○子供と子供，子供と教師など，人との関わり合いの活動を大切にします。

○新しい概念の形成，よりよい方法を見いだす数学的活動を大切にします。

「主体的・対話的で深い学び」をする子供の姿とは

●主体的に学ぶ…子供自らが，問題の解決に向けて見通しをもち，粘り強く取り組み，問題解決の過程を振り返り，よりよく解決したり，新たな問いを見いだしたりする姿です。

●対話的に学ぶ…数学的な表現を柔軟に用いて表現し，それを用いて筋道を立てて説明し合うことで新しい考えを理解したり，それぞれの考えのよさや事柄の本質について話し合うことでよりよい考えに高めたり，事柄の本質を明らかにしたりするなど，自らの考えや集団の考えを広げ深める姿です。

●深い学び…日常の事象や数学の事象について，「数学的な見方・考え方」を働かせ，数学的活動を通して，問題を解決するよりよい方法を見いだしたり，意味の理解を深めたり，概念を形成したりするなど，新たな知識・技能を見いだしたり，それらと既習の知識と統合したりして思考や態度が変容する姿です。

※「数学的な見方・考え方」とは

　算数・数学科の学習において，どのような視点で物事を捉え，どのような考え方で思考をしていくのかという，物事の特徴や本質を捉える視点や，思考の進め方や方向性を意味するものです。つまり，数学的な内容についての面と数学的な方法についての面の両面を探る必要があります。

Q32 授業の導入で大切なことは何ですか？

　導入場面で，「おもしろそうだ」「やってみたい」「どうしてかな」という気持ちを子供がもったとき，意欲的な追究が始まります。子供が興味・関心を抱く学習課題の設定や課題提示の工夫をしましょう。また，数学的な要素を含んだ学習課題になるとさらによいです。

❶ 学習課題の設定

○身近な生活場面を取り上げた課題　　「200円で買えるおかしの買い方をたくさん見つけよう」

○ゲーム的要素を含んだ課題　　「陣取りゲームをしてクラスのチャンピオンを決めよう」

○数学的なよさを発見できる課題　　「いろいろな台形の面積の求め方を公式にしよう」

○必然性を感じるような課題　　「計算をスピードアップするためのコツを見つけよう」

○多様な考え方ができる課題　　「星形五角形のあわせた角度をいろいろな方法で求めよう」

❷ 学習課題の提示の工夫

○子供の具体的活動（遊び，ゲーム，体験的活動など）

○教師の演技や実演（視覚的，聴覚的，ＴＴによる劇化）

○具体物や教育機器の利用（具体物や掛図，VTR，教材提示機，タブレットなど）

❸ 課題と追究過程の関連

○導入で意欲付けがなされても，追究の段階で関連性の弱い事象を扱ったのでは，導入が十分生かされません。追究過程を見通した課題設定・提示を考慮することが大切です。

○導入では，どの子供にも取り組めそうな課題であることが必要です。ただ，最後まで自分で解決できるとは限りません。教師が個別に支援したり，友達が考えを説明したりするなど，一人一人が自分の考えをもたせることができるようにします。

Q33 授業の進め方で大切なことは何ですか？

　今回の改訂では，目標を，(1)知識及び技能，(2)思考力，判断力，表現力等，(3)学びに向かう力，人間性等の３つの柱に基づいて示すとともに，それら数学的に考える資質・能力全体を「数学的な見方・考え方を働かせ，数学的活動を通して」育成することを目指すことが柱書に示されました。すなわち，目標をなす資質・能力の３つの柱は，数学的な見方・考え方と数学的活動の相互に関連をもたせながら，全体として育成されることに配慮する必要があります。

〈**基本的な授業展開**〉

①学習課題をつかむ段階＝子供が問いをもつことができるようにする

　・学習課題の設定や問題提示の仕方の工夫と既習と未習の明確化

②見通しをもつ段階＝算数・数学的活動や既習事項から自分の力で解けそうか尋ねる

　・計算棒など何を使うとできそうか解くための手段の確認

③自力で解決する段階＝子供が自分の考えをもつことができるようにする

　・隣同士での相談やグループ活動などの学習形態の工夫

　　（例…個人で，小集団で，学級全体で，自由に移動して同じ考えのグループで）

　・机間指導による個に応じた支援

④全体で解決する段階＝自分の考えと他者の考えを関わらせ，考えを深める

　・発表の仕方の工夫（例…黒板に貼付，小黒板の使用，具体物の操作，機器の操作など）

　・それぞれの考えによる比較検討の場，焦点化する場面の設定

　・追体験による数学的よさの実感的理解

⑤類似問題に適応する段階＝自分の力で問題を解くことができるようにする

⑥授業のまとめをする段階＝授業の振り返りができるようにする

　・授業が終わったところで，本時の学習内容が一目で分かるような板書計画の立案

Q34 ▶ 机間指導で気を付けることは何ですか？

1時間の授業には，追究（個・グループ）や適用の段階で机間指導の場面が必ずあります。簡単な問題では数分間，じっくり時間をかけても10分程度です。ここで教師が目的意識をもって具体的に支援できるかどうかが，1時間の授業の価値を大きく左右します。

❶ 全員の追究の様子を必ず把握する

発問や指示を出してすぐに机間指導を始めると，全体を把握できなくなります。しばらく様子を見て，子供の手の動きや既習内容の定着度をもとに，困っている子供になるべく早く支援・指導ができるように指導順路を考慮することが必要です。そして，「いいね」「なるほど」「ここまでOK，ここはどうかな」など声かけをしながら全員の様子を把握していきます。その把握をもとに全体指導や意図的指名をします。

❷ 誤答予想をもとに具体的な指導を意識する

発問に対する正答や誤答の予想を教材研究の段階で十分しておくことが大切です。正答予想は意図的指名順を考える上で，誤答予想は個に応じた具体的指導をする上で重要だからです。

また，予想外の誤答が多い場合には臨機応変に全体指導に切り替えたり，発問や指示の再検討をしたりして手だてを講じる必要があります。

Q35 ▶ 「式と計算」「数と式」で留意することは何ですか？

算数領域「式と計算」，数学領域「数と式」は，他の領域と関わりがあるだけでなく，他の領域を支えている部分でもあるため，指導上大きな役割があります。計算力をつけるためには，反復練習と間違い直しを計画的・継続的に行うことが効果的です。ただ，「計算さえできればよい」ということではありません。次の3つの指導段階を大切に，授業を行いましょう。

①計算の意味を理解する　②計算の仕方を考える　③計算を習熟し活用すること

「①→②→③」の授業過程から，「①→②→①→③」や「①→②→③→①」のように，①を振り返らせながら，その計算の本来の意味理解に戻すことを意識して行うとよいでしょう。①の計算の意味理解をしっかりとつかんでおくと，学年が上がるにつれて，活用していけるようになります。②③ばかりでなく，①への意識を十分にもちましょう。

> ワンポイントメモ「算数・数学科の新学習指導改訂のポイント」
> Ⅰ　事象を数理的に捉え，算数・数学の問題を見いだし，問題を自立的，協働的に解決する過程を遂行する「数学的な活動」をより一層充実させましょう。
> Ⅱ　数や式，表やグラフといった数学的な表現を用いて，筋道を立てて考えを表現することを，引き続き重視しましょう。
> Ⅲ　必要なデータを収集して分析し課題解決をするなど，統計的な内容を充実させましょう。

「主体的・対話的で深い学び」を実現するための教師支援とは

○主体的に学ぶための教師支援…子供が自然の事物・現象から問題を見いだし，見通しをもって課題や仮説を設定できるようにします。また，観察・実験の計画を立案し，結果を分析・解釈して仮説の妥当性を検討したり，改善策を考えたりできるようにします。そして，子供が得られた知識や技能を基に，次の課題を発見したり，新たな視点で自然の事物・現象を把握したりする学習場面を設けることが大切です。

○対話的に学ぶための教師支援…課題の設定や検証計画の立案，観察・実験の結果の処理，考察・推論する場面などでは，あらかじめ個人で考える時間を確保します。その後，意見交換したり，議論したりして，子供が自分の考えをより妥当なものにする学習場面を設けていきます。

○深い学びのための教師支援…観察・実験などの学習を振り返り，子供が新たな気付きや問題点を表現する「振り返り」の場面を必要に応じて授業に位置付けます。また，子供が単元を通して獲得した知識や技能を，生かす場面を設定します。

「主体的・対話的で深い学び」をする子供の姿とは

●主体的に学ぶ…「自然の事物・現象から問題を見いだす」，「自然の事物や現象に積極的に親しむ」，「既習の知識及び技能を生かしたり，理科の『見方・考え方（後述参照）』を働かせたりして問題追究しようとするといった子供の姿です。

●対話的に学ぶ…課題を解決するために，子供一人一人が自分の考えを出し合う姿です。また，教師や地域の人との対話，先哲の考え方を手がかりに考えることなども対話的な学びの姿と言えます。ですが，子供同士が出し合った考えは必ずしも正しいとは限りません。他者の意見を，子供が批正的に考え，より妥当な考えを生みだす姿も，対話的に学ぶ姿と捉えます。

●深い学び…子供が理科の「見方・考え方」を働かせながら，問題解決・探究の過程を通して学ぶ姿です。また，様々な知識がつながり，より科学的な概念を形成している姿も，深い学びと捉えます。

Q36 日々の授業で大切にしたいことは何ですか？

❶ 基本的な実験・観察の技能の習得

　理科の学習は，実験・観察が主な活動です。正しい自然観を培うには，子供が本当に使える実験・観察の技能を習得し，条件制御された実験・観察をする必要があります。教師は，各学年で習得すべき技能を十分に把握し，子供が繰り返し活動することで，技能を確実に習得できるよう指導することが大切です。

❷ 問題解決活動の重視

　理科の授業は，問題解決的な活動を中心に展開します。そこでは，特に，次の３点に留意する必要があります。

ア　目標の意識化

　意欲的に行っているように見える実験・観察も，子供に「何のために調べているの？」と聞くと，答えられない授業があります。「活動あって気付きなし」では，その授業を通して，子供の自然に対する感性も認識も育ちません。自分なりの目標が意識化・焦点化されれば，子供はそれを何とか解決したくなるはずです。実験・観察の第一歩は，目標の意識化，つまり問題意識を醸成することに尽きます。

イ　方法の明確化

　問題意識をいくらもっても，解決の方法や手順が明確でなければ，実験・観察は進みません。したがって，子供同士の話し合いや教師の適切な支援によって，子供に問題解決の方法を把握させることが重要です。

　子供は，目標と方法が明確になったとき，意欲をもって実験・観察を始めます。その目的に価値を感じれば，さらに意欲は増します。「見通しをもつ」と「予想を立てる」とは同義ではありません。

ウ　実験・観察の個別化

　個の資質・能力を育成するには，でき得る限り個別化された実験・観察をさせる必要があります。それは，子供の資質・能力に個人差があるからです。個別化された実験・観察こそ，実感の伴った知を生み，再現性のある技能となるのです。しかし，規則性を見いだすための検証的な実験・観察であれば，個別化しなくてもよい場合もあります。子供の実態を把握し，学習目標に照らしながら，適切な実験・観察の場をつくりたいものです。

Q37　新学習指導要領の理科の変更点は何ですか？

❶ 理科の見方・考え方について

　「エネルギー」「粒子」「生命」「地球」という４つを柱とする領域について，どのような「見方・考え方」を働かせて資質・能力を育成するのかいっそう明確になりました。

〈理科の見方〉

　「エネルギー」：自然の事物・現象を主として量的・関係的な視点で捉える。

　「粒子」：自然の事物・現象を主として質的・実体的な視点で捉える。

　「生命」：生命に関する自然の事物・現象を主として多様性と共通性の視点で捉える。

　「地球」：地球や宇宙に関する自然の事物・現象を主として時間的・空間的な視点で捉える。

〈理科の考え方〉

探究の過程を通した学習活動の中で、「比較する」「関係付ける」「条件を制御する」「多面的に考える」の科学的に探究する方法を用いて考えること。

❷ 問題解決の過程について

自然の事物・現象に進んで関わり、見通しをもって観察、実験などを行い、その結果を分析して解釈するなどの科学的に探究する学習を充実させる必要があります。

❸ 日常生活や社会との関連について

理科を学ぶことの意義や有用性の実感及び理科への関心を高める観点から、日常生活や社会との関連を重視することが求められています。

Q38 ▶ 理科ではどのように評価をしたらよいですか？

理科では、問題解決を行う場面で<u>自己との対話</u>、<u>友達との対話</u>、そして<u>自然との対話</u>をする姿を特に重視して評価したいものです。

> ○評価規準とは？…評価の観点を具体化した質的な尺度を示すものです。
> ○評価基準とは？…どの程度を期待するかの量的な尺度を示すものです。

❶ 事前評価（授業の計画段階の評価）

診断的評価にあたります。理科の授業で好きなことや嫌いなことなど、子供の実態を捉える方法として、文章法、問答法、描画法などがあります。指導後も同じ調査で変容を捉えることができます。

❷ 授業時評価（指導過程での評価）

形成的評価にあたります。ガスバーナーが正しく使われているかなど、ねらいを基に到達度を調べて授業改善につなげていくために行います。授業中に思いつきでフィードバックをしたり、進度の調整をしたりするのではなく、あらかじめ評価の観点や方法を決め、計画的に行うことが大切です。学習指導過程における評価が、指導と評価の一体化の実現につながります。

❸ 事後評価（総括的な評価と評定）

理科では、「知識・技能」「思考力・判断力・表現力」「主体的に学習に取り組む態度」の3つの観点ごとに評価規準を基に絶対評価を行い、それを評価基準により総合的に評価したものが評定となります。

❹ 自己評価・相互評価

児童・生徒による評価です。本時の目標が達成されたかを選択肢法や、実験前後の自分の考えを記述することを通して評価をさせましょう。教師の朱書きによる支援とともに教師からの客観的な評価を示すことで、児童・生徒が自分の学習を見直すことができるようにします。

相互評価は、自分の学習との関わりから友達のよさを書かせるとよいでしょう。

「主体的・対話的で深い学び」を実現するための教師支援とは

○環境を整え，子供の思いや願いを達成するための単元を構成する…子供が「〜したい」と言い出すように，単元の始まる前に子供の興味を引く環境を整えます。子供の様子と単元のねらいを考えた上で柔軟に流れを変えることも必要です。

○子供が夢中になって活動し，関わり合える場を設定する…対象と繰り返し関わる場を十分に保証した上で，意図的に友達と関われる場を設定しましょう。思いや願いの達成に向けた関わりの中で対話的な学びが生まれます。

○子供の思考を深める問い返し，思考を整理する板書を行う…タイミングよく問うことで，子供がもっている考えを引き出せます。見て分かるように板書することで，自分と友達の気付きが関連付けられ，実感を伴った深い学びに変わります。

「主体的・対話的で深い学び」をする子供の姿とは

●主体的に学ぶ…思いや願いをもって「〜したい」とその実現を目指す姿です。

●対話的に学ぶ…思いや願いの実現に向かって活動する中で感じ，考えたことを「〜したらどうかな。だって，〜だもん」と自分の体験を基に伝え合う姿です。

●深い学び…気付きの質が高まっていく姿です（無自覚な気付き→自覚化した気付き，一つ一つの気付き→関連した気付き，対象への気付き→対象を通して自分のことを捉える気付き）。

Q39 ▶ 生活科の目標は何ですか？

　生活科の目標は下のような構成になっています。生活科の最終的な目標は，「子供が自立し，生活を豊かにしていく」ことです。小学校の低学年という発達段階を踏まえ，育成を目指す資質・能力に「〜の基礎」という言葉が付いています。

具体的な活動や体験を通して， 身近な生活に関わる見方・考え方を生かし，	⇒	自立し生活を豊かに していく

〈育成を目指す資質・能力〉

(1)活動や体験の過程において，自分自身，身近な人々，社会及び自然の特徴やよさ，それらの関わり等に気付くとともに，生活上必要な習慣や技能を身に付けるようにする。

（知識及び技能の基礎）

(2)身近な人々，社会及び自然を自分との関わりで捉え，自分自身や自分の生活について考え，表現することができるようにする。　　　（思考力，判断力，表現力等の基礎）

(3)身近な人々，社会及び自然に働きかけ，意欲や自信をもって学んだり生活を豊かにしたりしようとする態度を養う。　　　　　　　　　（学びに向かう力，人間性等）

Q40 ▶ 生活科はどんな見方・考え方で何を学べばよいですか？

見方……「自分との関わりにおいて対象を捉える」という対象の捉え方

考え方…「自分の思いや願いの実現」に向けて物事を判断したり，考えたりする思考の方向

　他の教科・領域が見方・考え方を意図的に働かせていくのに対し，生活科では，低学年の特徴ともいえる生活科の見方・考え方を子供は無意識に生かして学んでいきます。

〈生活科で取り扱う内容〉

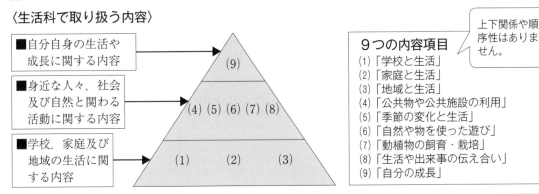

■自分自身の生活や成長に関する内容

■身近な人々，社会及び自然と関わる活動に関する内容

■学校，家庭及び地域の生活に関する内容

9つの内容項目

上下関係や順序性はありません。

(1) 「学校と生活」
(2) 「家庭と生活」
(3) 「地域と生活」
(4) 「公共物や公共施設の利用」
(5) 「季節の変化と生活」
(6) 「自然や物を使った遊び」
(7) 「動植物の飼育・栽培」
(8) 「生活や出来事の伝え合い」
(9) 「自分の成長」

　9つの内容項目をいくつか組み合わせて単元をつくり，具体的な視点を踏まえて授業を行い，自立し生活を豊かにする子供の育成を目指していきましょう。

◆11の具体的な視点

「健康で安全な生活」
「地域への愛着」
「生活と消費」
「身近な自然との触れ合い」
「遊びの工夫」
「基本的な生活習慣や生活技能」
「身近な人々との接し方」
「公共の意識とマナー」
「情報と交流」
「時間と季節」
「成長への喜び」

Q41 ▶ 気付きの質を高めるためにはどのようにすればよいですか？

❶ 気付きとは…子供の主体的な活動や体験の中から生まれる認識と捉えられます。

❷ 対象との関わり

　対象（人・もの・こと）と繰り返し関わることが大切です。関わる時間や場を十分に保障し，子供が目的意識をもって関わっていけるようにしましょう。思いや願いの達成のために子供が「見付ける，比べる，たとえる，試す，見通す，工夫する」活動を支援しましょう。

❸ 子供同士の関わり

　「活動あって学びなし」の状態に陥らないためにも，個々の子供が気付いたことを学級で共有できるような学習活動を工夫する必要があります。互いの気付きを「比較」したり，「たとえ」たり「似ている」ところを考えたりする機会をもつことで，質の高い気付きが生み出されます。

❹ 自分自身への気付き

　体験を振り返ったり，そこでの気付きを他の人に伝えたりする活動を取り入れましょう。そうすることで，対象への気付きを高めるだけでなく，結果的にそこに映し出される自分自身への気付きを高めることにつながります。

　２年生の飼育単元は，必ずしもザリガニを取り扱う必要はありません。どのような活動をし，どのような資質・能力を身に付けるのか，下のように整理されています。これらの資質・能力を身に付けるために，それぞれの学区の特徴を生かして単元をつくっていきましょう。

内容	活動	思考力，判断力，表現力等の基礎	知識及び技能の基礎	学びに向かう力，人間性等
(1)	学校生活に関わる活動を行う	学校の施設の様子や学校生活を支えている人々や友達，通学路の様子やその安全を守っている人々などについて考える	学校での生活は様々な人や施設と関わっていることが分かる	楽しく安心して遊びや生活をしたり，安全な登下校をしたりしようとする
(2)	家庭生活に関わる活動を行う	家庭における家族のことや自分でできることなどについて考える	家庭での生活は互いに支え合っていることが分かる	自分の役割を積極的に果たしたり，規則正しく健康に気を付けて生活したりしようとする
(3)	地域に関わる活動を行う	地域の場所やそこで生活したり働いたりしている人々について考える	自分たちの生活は様々な人や場所と関わっていることが分かる	それらに親しみや愛着をもち，適切に接したり安全に生活したりしようとする
(4)	公共物や公共施設を利用する活動を行う	それらのよさを感じたり働きを捉えたりする	身の回りにはみんなで使うものがあることやそれらを支えている人々がいることなどが分かる	それらを大切にし，安全に気を付けて正しく利用しようとする
(5)	身近な自然を観察したり，季節や地域の行事に関わったりするなどの活動を行う	それらの違いや特徴を見付ける	自然の様子や四季の変化，季節によって生活の様子が変わることに気付く	それらを取り入れ自分の生活を楽しくしようとする
(6)	身近な自然を利用したり，身近にある物を使ったりするなどして遊ぶ活動を行う	遊びや遊びに使うものを工夫してつくる	その面白さや自然の不思議さに気付く	みんなと楽しみながら遊びを創り出そうとする
(7)	動物を飼ったり植物を育てたりする活動を行う	それらの育つ場所，変化や成長の様子に関心をもって働きかける	それらは生命をもっていることや成長していることに気付く	生き物への親しみをもち，大切にしようとする
(8)	自分たちの生活や地域の出来事を身近な人々と伝え合う活動を行う	相手のことを想像したり伝えたいことや伝え方を選んだりする	身近な人々と関わることのよさや楽しさが分かる	進んで触れ合い交流しようとする
(9)	自分自身の生活や成長を振り返る活動を行う	自分のことや支えてくれた人々について考える	自分が大きくなったこと，自分でできるようになったこと，役割が増えたことなどが分かる	これまでの生活や成長を支えてくれた人々に感謝の気持ちをもち，これからの成長への願いをもって，意欲的に生活しようとする

※評価では，子供の書いたものだけでなくつぶやきや活動の様子も見取っていきましょう。

ワンポイントメモ「生活科で意識したい３つのつながり」

・他教科・領域とのつながり…低学年教育の要となる教科です。他教科と関連させよう。

・幼児期教育とのつながり…「幼児期の終わりまでに育ってほしい姿」を生かそう。

・中学年教育とのつながり…理科・社会科・総合的な学習の時間へのつながりを意識しよう。

「主体的・対話的で深い学び」を実現するための教師支援とは

○主体的に学ぶために

　前時の子供の思考を本時につなげることで，主体的な学びとなります。そのために，前時の振り返りでは授業の感想ではなく，学んだことを具体的に書くように指示しましょう。

○対話的に学ぶために

　他者との対話で気付いた新しい視点を，自分の思いや意図と比較し吟味するための「自己との対話」の時間を設け，音楽のよさや美しさをより深く味わう時間をつくりましょう。

○深い学びを実現するために

　子供の目標となる音楽と出会わせましょう。憧れとなる音楽に向けて，技能を高めたり新しい知識を得たりしながら，表したい音楽表現を工夫する姿が，深い学びです。

「主体的・対話的で深い学び」をする子供の姿とは

●歌唱，器楽，創作（音楽づくり）の表現領域の学習活動を通して，表現したい音楽に必要な知識や技能を高めることのできる子供

●鑑賞領域の学習を通して，音楽を形づくる要素を聴き取り，音楽のよさを感じ取る感性を磨くことのできる子供

●音楽の本質に触れ，感性を働かせ音楽を聴いたり，表現したい音楽について思いや意図をもって工夫したりできる子供

●ともに表現する喜びや音楽の本質に触れて感動する経験を重ねることで，音楽活動の楽しさを味わい，生涯にわたって音楽を愛好できる子供

Q43　歌唱指導はどのようなことに留意したらよいですか？

　歌唱指導の基本は楽しみながら歌うことです。発声や音程練習の指導になってしまいがちですが，楽しく歌いながら，発達段階に応じて徐々に表現の能力を高めていきます。

❶ 歌の楽しさを体感できるような選曲

　「歌を楽しく歌いたい」と思う気持ちを育てるには，選曲が大切になります。低学年は，リズミカルな曲で，身体表現に合わせて伸び伸びと歌える選曲をします。中学年，高学年へと進んでいくにつれ，ハーモニーを楽しめる合唱に取り組み，楽しく歌える選曲をしていきます。

❷ 豊かな響きを作る歌唱能力の育成

　姿勢や発声，発音の指導をしながら歌唱の力をのばしていきます。

〈練習〉ハミングで声を響かせながら徐々に口の中を広げていき，声の
　　　　響きの違いに気付かせます。また，口を横開きにしたり，縦開き
　　　　にしたりして2種類の声の響きの変化にも気付くようにします。

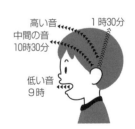

高い音　1時30分
中間の音 10時30分
低い音 9時

❸ みんなと合わせながら歌う能力を育成

斉唱と合唱のみではなく，輪唱や重唱にも取り組ませて，みんなで声をそろえて歌うことの楽しさを体感できるようにします。

❹「やる気」を育成

練習したら，上手に歌えた部分を見つけて必ず褒めます。褒めながら次のアドバイスをしたり，うまく表現できた部分をみんなに聴かせたりします。歌や言葉によるコミュニケーションの中でお互いに認め合うことで，自信が付き，歌うことへの意欲を高めることができます。

♪授業における発声指導のポイント

中学年から，「呼吸及び発音の仕方に気を付けて，自然で無理のない声で歌うこと」が目標とされています。低学年のうちから，必要以上に大きな声で怒鳴らず，伸び伸びとした，遠くへ届くような声で歌うことを心がけます。まずは，どんな声に近づけたいのか，どんな声がよいのかといった目標をもたせることが大切になります。

〈求めたい声〉	〈指導したい声〉
・素直な声　・柔らかく丸みのある声 ・響きのある声　・他と溶け合う声	・無理して発する怒鳴り声 ・喉をしめた固い声　・口先だけのか細い声 ・気力の感じられない声

〈例〉口の奥（喉）を開ける

喉を程よく
開けている

発声練習は，楽しくできるように工夫することが大切です。例えば，教材曲の一部を取り出し，分かりやすい口形図を使って指導するなど，発達段階に合った歌い方にします。授業の導入時に，発声を兼ねた歌唱曲を歌うようにし，歌う姿勢，口の形，声の出し方などを継続して指導すると効果的です。

♪合唱指導の手順

(I) ユニゾンで美しく歌わせる

・ピアノの音をなるべく使わずに歌わせ，自分の歌声をしっかり聴かせます。
・正しい音程をつかませます。
・みんなの声とそろえて歌わせます。
・たっぷり息を吸って歌わせます。

(II) 交互唱，輪唱で聴き合い歌の良さを感じさせる

・輪唱を行い互いの声を聴き合わせます。
・音と音との重なりを実感させます。
・アカペラ（無伴奏）で歌わせます。
（低学年から行うと効果的です）

(III) 二部，三部合唱でハーモニーを感じさせる

・音が取りやすい六度の音程をロングトーンします。
・音の重なりを体感させ，感覚を養います。
・教材曲の一部を使って，音の重なりを確かめながら歌うようにします。

・子供の実態に合わせて音の重なる部分を選び，歌いながら響きを感じられるように声をかけます。

Q44　器楽指導はどのようなことに留意したらよいですか？

　器楽は，いろいろな音色や音域をもつため，幅広い表現力を育てる分野です。様々な楽器で合奏することにより，音色の重なりのおもしろさや美しさを体感できます。器楽指導のポイントは，子供が理解でき練習しやすいように曲を細かく分けて行うことです。子供がつまずくと想定される部分については，指導法を考えておき，個別指導の時間を取り，指導します。

❶指導の例

・曲を短く，区切って（テンポをおとし1〜2小節）繰り返し練習します。
・難しい指使いの音だけを繰り返し練習します。
・難しい音やリズムの場合は，そこだけ取り出し，一つ前の音から指の移動をスムーズに行えているか確認します。

❷留意する点

・楽器の鳴らし方を正しく指導します。
・楽器の持ち方，置き方にも心配りができるように指導します。
・一つ一つの楽器の音色を聴いて意識させます。
・合奏するときは，全体の音にも耳を傾けさせるようにします。

リコーダー指導のポイント

・低音域は，柔らかく太い息の流れが必要です。発音は「トー」または「ロー」。
・高音域は，細くて速い息の流れが必要です。発音は「トゥー」または「ティー」。
・全員で音を出すと音量が上がり過ぎるので「いい音を演奏しよう」と常に声をかけます。
・指使いは，指番号で覚えるように指導します。左手親指は0番，人差し指は1，以下2，3と続きます。（0123と言えば「ソ」を表すことになります）

Q45　鑑賞の評価はどのようにしたらよいですか？

　鑑賞については，3つの観点の内の「知識・技能（鑑賞領域では知識が中心）」「思考力・判断力・表現力」の2つに分けて評価を行います。

○鑑賞の評価方法としては，①発言や身体表現による方法，②感想文や自由記述による方法，の2つがあります。音楽を聴いてどう感じたかを子供が表現し，それを評価します。
○知識については，鑑賞した曲の音楽を形づくっている要素を正しく聴き取れているかどうかを評価します。
○「思考力・判断力・表現力」については音楽を聴いて，どのように感じたかを身体表現や言語等によって表現します。その際に，音楽の何を根拠として何を感じたのかを具体的に表現できるようにすることが大切です。

鑑賞指導のポイント

・子供は，聴き取った音楽を表現するための語彙が少ないので，教師が具体的な言葉（楽しい，悲しい，明るい，暗いなど）を示し，その言葉を使って表現できるようにする。
・教科書掲載の鑑賞曲だけでなく，指導書にある参考曲などを聴く機会を増やし，子供が音楽に浸っている時間を確保する。

「主体的・対話的で深い学び」を実現するための教師支援とは

○主体的に学ぶとは…子供が自ら学びたい，表現したいという気持ちをもって，活動に取り組むことです。図画工作・美術科では，特に導入でやってみたいと思えるようにすることが大事です。また，授業の終盤では，次時への見通しがもてるようにすることも大切です。

○対話的に学ぶとは…対話は，作品の鑑賞，問題の発見や解決，相違点の比較などの目的で，学級全体または，グループやペアで行います。自分で試行錯誤すること（自己対話）も対話に入ります。注意しなければならないのは，対話の目的をはっきりしておくことと，何について対話をするのか視点を定めて取り組むようにしなければならないことです。

○深い学びとは…対話により感じたことや，今までに学んだり習得したりした考えや技能を，新しいものを生み出したり表現したりするために，取捨選択して生かしていくことです。そのためには，教師側が一方的に教え込むことは避け，子供が考えたり，試行錯誤したりする環境と時間を確保することが必要となります。

「主体的・対話的で深い学び」をする子供の姿とは

●学ぶこと，表現することの意義を感じ，つくりだすことの喜びを味わい，また分かったとき，できたときの成就感を得た子供

●対話を通して，考えや表現方法の相違に気付き，感性を磨き合う子供

●新しいものを生み出したり表現したりするために，対話や今まで学んだものを基に，試行錯誤しながらよりよいものを生み出そうとしている子供

●表現する喜びを感じたり，美しいものに触れて感動したりする経験を重ねながら，生涯にわたって美術を愛好しようとする子供

Q46 ▶ どのように題材や単元を計画すればよいですか？

　教科書は，小学校，中学校ともに学習指導要領を考慮した内容で題材が計画されています。図画工作科では，ハサミやカッター，のこぎりや糸のこぎり，彫刻刀，ペンチ，針金などの道具の使い方が題材を通して学習できるようになっています。美術科では，1年生のカリキュラム，2・3年生のカリキュラムに分かれて題材が組まれており3年間を通した計画が立てられています。これらの題材を参考にしながら，子供の実態を把握して，つけたい力を養えるテーマや題材，材料を考えます。一つの題材の中の，どの場面で何を養うかも計画しておくと，どの場面で何を評価すべきかが分かります。

　また，教師自身が実際に作品を制作する教材研究を行うことが大切です。制作してみることで，材料の特徴を最大に生かす方法を発見したり，子供のつまずきに気付いたり，道具や材料の効率よい配置を考えたりすることができます。

Q47 ▶ タブレットは図工・美術科の授業でどう活用しますか？

昨今，各学校にタブレットが普及してきており，図工・美術科の授業でも活用することが多くなってきました。タブレットは，画像を扱うことができる，かきこみができる，かいたものを共有できる，調べたり鑑賞したりできる，持ち運べるなどのメリットがあり，学びの幅を広げてくれるツールです。

図工・美術科の授業では，具体的に以下のような活用ができます。

〈図工・美術科の授業での活用例〉

○**教師がタブレットを使う場合**
・カメラ機能で子供の作品を撮り，モニタに写して，全体で共有する。
・カメラ機能で子供の作品や活動の様子を撮り，記録することで評価に生かす。

○**子供がタブレットを使う場合**
・プログラミングソフトを使って，主人公を動かす。
・画像ソフトを使って，デザインや色を考える。
・教師から配付された画像を鑑賞し，コメントを書く。
・タブレットを持って，外へ出かけ，春を探して撮ってくる。
・自分の作品を撮影，記録し，友達にコメントをもらう。
・エクスプローラを起動し，知りたいものを調べる。

Q48 ▶ 子供の絵はどのように見ればよいですか？

でき上がった子供の絵を前にして，「どれがよい絵だろうか」「どのように見ればよいのか」と考える先生を見かけることがあります。こうした悩みは，「こんな絵を描かせたい」「こんな技法や表現を身に付けさせたい」「こんな発想を芽生えさせたい」という具体的な指導者の思いや造形活動のねらいが明瞭でない場合に起こります。明確なねらいがなければ，評価できるはずもありません。題材に入る前に，最後までを見通した構想を練ることが重要です。

〈子供の絵を見る視点〉

○個性的でその子らしさが表れた絵
　・独自の工夫，独特な発想，固定概念にとらわれていないその子らしい絵
○心がこもっている絵
　・丁寧に心を込めて，根気強く描かれている絵
○画面内容が豊かな絵
　・感じたこと，気付いたこと，思ったこと，想像したこと，伝えたかったことなどが多く，豊かに表現されている絵
○喜びや感動が表れた絵
　・絵の中に感動や子供の心があり，描くことを楽しんでいる絵（押し付けや義務的でないもの）
○焦点がはっきりしている絵
　・表したい主題が明快に伝わってくる絵，題材の目標や課題を満たしている絵

Q49 子供に表現することの喜びを味わわせるにはどうしたらよいですか？

　表現の喜びを味わわせるには，子供が自分の思いを表現できるようにすることと，子供が他から認められる場をつくることです。そのために特に大切なのは，机間指導です。机間指導では，まず子供のすることを認めてやることです。その上で，子供一人一人がどんな思いをもち，それをどのように表現したいのかを把握し，より思いを表現できるように個に応じたアドバイスをしていきます。地味な活動ですが，表現する喜びを味わわせるためには欠かせない支援です。

Q50 水彩絵の具の扱い方で指導すべきことは何ですか？

〈筆・絵の具・パレット〉

　太，中，細の3本を用意し，用途や表現に応じて使い分けをしましょう。パレットは左手で持ち，絵の具はその都度必要な色を出すのではなく，色相や明るさの近いものから順に並べるとよいです。絵の具の量は，着色する面積や時間に合わせて調節させたいものです。

〈技法のポイント〉

・筆は穂先や腹を使い，真ん中少し上を持つ。
・混色は，2〜3色までを原則とする。
・下絵の線が見える程度の濃さで着色する。
・前に塗った色が乾いてから次の色を塗る。
・明暗は水の量と色合いによって加減する。
・自分が最も表したいところ，最も美しいと感じたところ，あるいは，遠い景色，明るい色の部分から塗るとよい。

〈絵の具を使う手順〉

③筆の穂先に色をとる。
　（他の色や水と混ぜない）
④大きい仕切りの部分で水と絵の具を混ぜ合わせるようにして筆に含ませる。

①筆に水を含ませる。
②布で穂先を整えながら水の含みを調整する。
⑤画面に塗る。

暗い感じの色
明るい感じの色

筆洗は，
1　筆の汚れをとる場所
2　さらにきれいにすすぐ場所
3　筆にきれいな水を含ませる場所
の3つを決めて使うとよい。

パレットの使い方の例
1　小さい仕切り（学校の「教室」に例えるとよい）に明るい感じの色から暗い感じの色までを順に並べる。（色みが似たものからでもよい）
2　色をつくる大きい仕切り（学校の「運動場」に例えるとよい）で混色する。

・色みの濃い色はできるだけ薄めに溶き，薄めに溶いてから少しずつ濃くする習慣をつける。

Q51 鑑賞にはどのように取り組むとよいですか？

〈鑑賞のねらい〉

・表現に生かす　　　・作品のよさを味わい，自他を認め合う　　　・芸術の見方や感じ方を育む
・我が国や諸外国の伝統文化に触れる　　　・作品について語ることにより，見方・考え方を広げる

〈鑑賞のタイミング・方法〉

・作品の構想の段階で＝着想のヒント　　　・作品をある程度つくってから新たなアイデアを得る
・作品完成後（じまん大会，工作ではクイズ形式，今後の制作にも生かすねらいもある）
・美術館訪問（ギャラリートークなど，名画の模写，アートゲーム，メディアの活用）

「主体的・対話的で深い学び」を実現するための教師支援とは

○自分で課題を見つけるために

| 自分の動き | と | 手本のポイント
友達のよい動き
前の自分の動き | を比べる |

○伝え合うために

| 自分や友達が行っていた動きの工夫
よりよい課題解決の方法 | を | 動作
言葉
絵図
ICT 機器 | で伝える |

○「見方・考え方」を育てるために

・自他の運動の課題に気付く→解決に向け試行錯誤を重ねる→思考を深める

「主体的・対話的で深い学び」をする子供の姿とは

●「主体的な学び」をする子供の姿

　①学ぶことに興味や関心をもち，毎時間，見通しをもって粘り強く取り組むとともに，自らの学習をまとめて振り返り，次の課題につなげている。

　②自らの課題を修正したり，新たな課題を設定したりしている。

　③自他の健康について，自ら将来を見通したり，振り返ったりする。

●「対話的な学び」をする子供の姿

　①他者との対話を通して，自己の思考を広げたり，深めたりしている。

　②自分や友達が行っていた動きの工夫を，言葉だけでなく，動作や絵図，ICT 機器を用いて記録した動画などを使って伝え合っている。

　③子供同士，対教師，対地域の人において，互いの考えの共通点や相違点を伝え合っている。

●「深い学び」をする子供の姿

　①健康について課題を発見し，解決に向けて試行錯誤を重ねながら，考えを深めている。

　②対象の中から，自ら問いを見いだし，個やチームの課題の追究，解決を行う探究の過程に取り組んでいる。

　③動きの中から見出した情報を基に自分の考えを形成したり，仲間と考えを伝え合うことを通して，チームとしての考えを形成したりしていく。

　④感性を働かせて，思いや考えを基に，豊かなスポーツライフの実現に向けた意味や価値を創造していく。

Q52 ▶ 効率のよい体育学習を行うにはどうしたらよいですか？

❶ 約束を守らせる

運動をさせながら約束を徹底させたり，仲間と協力してうまく約束を果たすと気分がよいことを感じさせたりします。集合の仕方，示範を見る隊形，各運動の活動パターン，話し合いの仕方，集団行動など，根気よく徹底させます。

❷ けがをさせない

施設，用具や活動する場所が安全であることを確認します。やさしくて誰でもできる活動からはじめ，少しずつ条件付けをしながら難度を高めていきます。

❸ 先に立って走る

子供は教師の態度を見て育ちますから，授業を1分でも大切にする姿勢を見せます。子供より早く授業場所にいることが大切です。

❹ 長い話は禁物

まず運動量の確保を。活動を繰り返して体で分からせ，目で動きを見て学ばせます。全体を集めて話をする場合は，要点を簡潔に，個別（グループ）指導しながら語りかけます。

❺ 演出も大切

大声で怒鳴りたてるのでなく，おもしろいこと，珍しいこと，びっくりすることを小声で少しだけ話して注目を集める工夫をします。話の間や歯切れのよい口調が大切です。

Q53 ▶ 準備運動で気を付けることはどのようなことですか？

❶ 準備運動における指導のポイント

〈準備運動のねらい〉

○関節の可動範囲を広げる

→筋肉をほぐし，けがなく主運動に入れるようにします。

○心拍数を上げる

→うっすらと汗をかく程度の運動で体を温めます。

○メンタル面でのレディネスを高める

→「これから運動をはじめるぞ」という心構えをもたせます。

ワンポイントメモ「体操の順序」

一般的には，心臓に遠い部位からはじめ徐々に近づけていく，心臓に負担のかからない弱い運動から強い運動に進めていくのが基本です。また，冬の寒い時期にストレッチや柔軟体操を行う場合は，ある程度体を温めた後に行うことで効果が高まります。

〈準備運動の合図〉

いい加減な合図では，動きもおろそかになります。歯切れのよい合図が必要です。教師主導

の場合，子供主体の場合，教師と子供が分担する場合など，方法はいろいろありますが，誰の合図でも，次のことは重要なポイントです。

○合図のリズムやテンポを考え，強弱をつけます。

○子供が曖昧な合図をかけているのを放置しません。

○悪い合図の代表は，お経のように伸ばした言い方です。

> ワンポイントメモ「徒手体操のポイント」
>
> 徒手体操は，必要な部位に意図的に負荷を加えることができます。主運動に合わせ，目的に応じた体操として行いやすいものです。しかし，毎回同じ体操を続けると，子供にとっては単調になり，効果の上がらない体操になることがあります。教師が示範することを原則とし，合図にアクセントをつけ，テンポを工夫するなど常に効果が上がるように意識させることが必要となります。
>
> また，徒手体操の後に，主運動につながる運動や体ほぐしを取り入れるなど，子供の興味，関心や実態に合わせて様々な運動を加えていくことが大切です。

❷ 準備運動の内容

主運動に直結した準備運動を工夫し，1年中すべてワンパターンで行うことは避けます。自校体操等がある場合は，一つ一つの動きがきちんとできるように徹底します。運動会や体育大会で発表する場合が多いので，日ごろの指導が大切になります。

○器械運動系＝関節の可動範囲を広げることや筋肉を伸ばしたりほぐしたりするストレッチが中心になります。

○水泳運動系＝心肺機能を刺激するように，胸の運動は特に重視します。

○表現運動系＝音楽を流してリズムダンスで学習の雰囲気を盛り上げます。徒手体操は似合いません。

○陸上運動系＝徒手体操やストレッチなどを組み合わせて行います。ランニングは走運動の基本ですから，ぜひ取り入れたいものです。

○ボール運動系＝一人一人がボールに多く触れる準備運動を工夫します。

〈補助運動として押さえたい3つのポイント〉

○主運動につながる運動を取り入れる。

→*ドリル的な学習を工夫し，基本的技能の習得を図ります。*

○短時間で成果が上がるようにする。

→*子供が熱中でき，集中して取り組むことができるようにします。*

○ウォーミングアップとして行う。

→*特に冬場は，運動量を確保し，十分に体を温めるようにします。*

「主体的・対話的で深い学び」を実現するための教師支援とは

○問題意識を高める導入…題材の始めに，子供が実生活の中から切実感のある課題が設定できるように，関連する写真や資料，新聞記事，実物などを準備しておくとよいでしょう。

○実践的・体験的な活動や問題解決学習の充実…調理や製作等における体験を通して，実感を伴った理解ができる学習活動を充実することです。

○自分の考えを広げたり，深めたりする話し合い…子供同士で意見を共有して互いの考えを深めたり，家族や身近な人々などの会話を通して自分の考えを明確にしたりすることです。

「主体的・対話的で深い学び」をする子供の姿とは

●主体的に学ぶ…自分自身の生活を見つめることを出発として，日常生活における課題の発見や解決に自主的に取り組んだり，実践を振り返ったりして新たな課題に向かう姿です。

●対話的に学ぶ…子供同士の話し合いに加えて，家庭での聞き取り調査や，ゲストティーチャーとの質疑応答も対話的な学びの姿と捉えます。

●深い学び…技術の見方・考え方や生活の営みに係る見方・考え方で事象を捉え，調べたり考えたりすることで知識が質的に高まったり，技能の定着が図られたりする姿です。

Q54 ▶ 調理実習ではどのようなことに留意しますか？ （小中学校）

❶ 室内の換気

・窓を閉め切らないこと。どんなに寒い日でも，北側の窓を数センチ開けましょう。風が強い日は，炎への影響を確認しましょう。

・換気扇のスイッチを入れて回しましょう。

・プロパンガスの場合は，床の高さでも換気ができるよう，入り口の戸を締め切らずに開けておくと安心です。

〈安全で機能的な身支度〉
①エプロン…汚れの目立つ色
②三角巾…バンダナでもよい
　・髪をきちんと入れる
③マスク
④上ばき…滑らないもの
⑤爪を切り，手を洗う
⑥清潔な衣服
　・長い袖口の場合はまくる

❷ ガスの元栓

・各調理台に備え付けられたガスコンロの元栓は，子供が開閉し，教師が確認します。

・すべてのガスコンロの元となる「総元栓」は教師が開閉します。準備室にある場合が多いです。事前に場所と開閉方法を確認しておきましょう。

❸ 食材の鮮度

・食材については，鮮度を保つために，登校後，すぐに冷蔵庫に入れるように指導をしておきましょう。小学校では，生の肉・魚は扱いません。なお，食物アレルギーや食中毒（食中毒注意報発令時には実習はできません）についても注意して実習に取り組みましょう。

Q55 ミシン縫いがうまくできないときの指導のポイントは何ですか？（小中学校）

　上糸を正しく掛けてもミシン縫いができない場合，授業では次のような原因が考えられます。

①ボビンの入れ方と糸巻きの方向
・ボビンの糸巻き方向が逆になって入っていると縫えません。
　5年生では，トイレットペーパーの巻き方向を例にして指
　導すると，子供はイメージをつかみやすいようです。

②針の付け方
・「平たい面が向こう側」「しっかり上まで」が鉄則です。

③上糸の通し方
・上糸は手順通りにかけていきますが，天びんにかかってい
　るかどうかをしっかり確認するとよいでしょう。

下糸（ボビン）を入れる向きに注意！糸が左側に出る向きで

下糸（ボビン）を入れたところ糸が左側に出ている

Q56 新学習指導要領で留意すべきことは何ですか？（小中学校）

❶ 課題解決学習を楽しく

　小学校では，日常生活の中から，中学校では，家族・家庭や地域における生活の中から問題を見いだして課題を見つけるようにします。学習の流れとしては，「生活の中から問題を把握する→課題→解決策を構想→実践→評価・改善→考察→表現」が考えられます。実践では，課題解決のための調べ学習や実験，体験，調理，製作などを多く取り入れ，子供が体験を通して，実感の伴った根拠のある知識を得られる工夫をしましょう。「表現する」とは，実践したことを振り返り，考察したことを発表し合い，友達の意見を参考に改善策を検討し，根拠や理由を明確にして，筋道を立てて説明したり発表したりすることをいいます。

❷ 言語活動の重視

　インターネットで何かを調べると，キー操作だけで，即座にそれに関連した情報が得られます。しかし，家庭科では直接，家族や周囲の人々にインタビューするなど人の生活経験を大切にした調べ学習を大切にしましょう。

　また，言葉で説明する活動を多く取り入れ「記録・要約・論述・説明」を行うとよいでしょう。一方，「団らん・手入れ・栄養・快適さ・ゆでる・蒸す」などの言葉については，生活経験と結び付かず理解が難しいと感じる子供もたくさんいます。実践的・体験的な活動を多く取り入れ，実感を伴いながら明確なイメージをつかむことができるようにしましょう。

❸ 最初にガイダンス的内容を

　学習の始まりに，「自分の成長を振り返り，今後の学習の見通しをもつ場」を必ず設定しましょう。また，題材の始まりには「技術科や生活の営みに係る見方・考え方」や教師の願いを伝え，子供が見通しをもって学習できるようにしましょう。

Q57 実習を安全に行うには何に配慮すべきですか？（中学校）

　本教科では製作用の道具・電気用具・調理用熱源等危険を伴う機械・器具の使用が多いので，安全に学習を進めるためのルールづくりと習慣化が必要です。

❶ 実習を伴う授業時の服装

・髪を結うなど危険防止に努め，皮膚を露出しない服装がよい。

・袖口は，機械に引っかからないように締まっている服装がよい。

・作業時には防護メガネを，塗装時には手袋を着用する。

・調理実習時は，衛生安全上，エプロン，三角きん，マスクをしっかり身に付ける。

※教師も実習にふさわしい服装で取り組む。

❷ 実習時の準備・片付けの仕方

〈準備〉

・道具類は，事前に点検しておき，不備があれば修理・交換する。

・準備する道具等は，あらかじめ種類，数をチェックしておく。

・常設の道具等は，使用前にゆるみやがたつきがないか点検しておく。

・常設の機械は，使用前に点検し，安全確認後，主電源を入れる。

・生徒の服装が作業に適しているか確認する。

・教科委員（係）の活動の場として，必要な道具の準備を行わせるのもよい。

〈片付け〉※時間内に行う

・各自が使用した道具等は，汚れを落とし，所定の場所に戻す。調理実習では，汚れの少ないものから順に洗う（ガラスのグラス→湯飲みや茶碗→皿→鍋やフライパン）。

・道具等の全ての点検確認ができた後，所定の保管場所に戻す。

・包丁や針，金属粉があるので気を付け，安全に注意しながら清掃する。

・必ず主電源を切り，清掃中に機械が作動しないように留意する。

・機械の点検整備後は，保護袋をかぶせ，機械の保全に努める。

・各コンロの元栓を閉めてから，調理室のガスの元栓を閉める。

・流しにごみを残さないように注意する。

・指定された分別方法でごみを分別して処理する。

Q58 問題解決的な学習過程をどのように進めますか？（中学校）

　問題解決的な学習過程は，生徒の自発性，興味，関心等を重視した知識と実践の統一を目指すものです。この学習過程においては，どのような力を身に付けさせるのかを明確にし，技術・家庭科本来のねらいを達成できるように配慮します。基本的な学習過程例を次のように示します。

❶ つかむ

生活を見つめ，事象や教材，教具などから疑問や矛盾などを抱き，追究への意欲をもちます。

❷ 見通す

これまでに習得した技能，知識を整理し，追究課題に関わる問題を焦点化し，解決に向けての見通しをもちます。

❸ 確かめる

問題解決に必要な，新たな技術や知識を習得します。ものづくりを通して実証的に追究し，科学的根拠をつかみます。人と関わることで，できた喜びを自覚するとともに，問題点を出し合いながら，解決の方向を見つけます。なかなか解決できない問題に対して，解決に向けての新たな視点を得ます。

❹ 生かす

生活の中の様々な事象に隠された技術を見抜き，新たに習得した技術や知識の価値付けをします。生活を振り返り，新たな問題に気付き，習得した技術や知識を生かして解決します。

Q59　教材を選定するときは何に留意すべきですか？（中学校）

生徒の生活意識は，地域や家庭の実態によって異なります。身近に感じるものであれば，生徒の問題に対する興味，関心が高まります。また，実際に触れたり，調べたりできるものが身近にあれば，追究する意欲も高まります。そのため，次のことに留意して，生徒の生活意識に寄り添った教材を選定する必要があります。

❶ 生徒の実態を把握

アンケート調査や，前単元の授業反省記録などから，生徒の生活経験やものづくりに対する意識を探り，関心や意欲面だけでなく，不十分である技能面を補ったり，その学級（学年）の特徴を伸ばしたりできる教材を選びます。

❷ 3か年の学習計画

指導要領の主旨を踏まえ，3年間を見通した指導計画を作成し，教材を選定します。作成に当たっては，各校独自の創意工夫をこらした指導計画の作成を行いましょう。また，一つの単元の中で，基礎，基本を学習する部分と，その技能と知識を生かした応用，発展を学習する部分の2段階で内容を組みましょう。特に技術分野では，2作品の完成をめざすのもよいでしょう。繰り返しの学習により，確かな技能の習得ができ，生活に活用できる力に結び付きます。

❸ 地域性と時代の流れに沿った単元構想

各地域特有の生活環境を確認し，他にはない独自の内容が学習できる教材を考えましょう。また，時代の変化を敏感に感じ取り，変わらぬ基本的な学習内容に加え，時代が求める内容を積極的に取り入れた発展的な学習内容が履修できる教材を選定しましょう。

「主体的・対話的で深い学び」を実現するための教師支援とは

○単元を通して，コミュニケーションの場面を意識しながら英語に触れる活動を十分に確保する中で，身近な題材のみならず，社会や世界に関する題材について取り上げます。その中で，異文化理解を促したり，日本語と異なる文法事項や音の違いなどを押さえたりして，個に応じたきめ細かな指導を，繰り返し行います。

○実際の身近な生活で，英語で自分の思いや意見を伝えるべき場面を設定することで，子供が必然性を感じる言語活動となります。インタビュー，スピーチ，ディスカッション，ディベートなどを行い，相手と伝え合いたいという思いを高めます。その際，それぞれの活動の目的や子供の実態に応じて，ペア活動やグループ活動などの指導形態を工夫します。

○単元の目標を明確化することで，指導と評価が一体化するようにします。子供が学習の見通しをもったり，授業の振り返りをしたりすることで，学びの成果を実感し，学んだことや意欲，問題意識等を次につなげられるようになります。

「主体的・対話的で深い学び」をする子供の姿とは

●英語の音声や語彙，表現，文法，言語の働きなどを理解し，言語活動を通じて使い込むことで，これらの知識を実際のコミュニケーションにおいて活用できる技能へと結び付けることができる姿です。

●身近で簡単な事柄について，目的や場面，状況などに応じて英語で自分の考えや気持ちなどを伝え合うだけでなく，未習の表現であっても会話の流れや文脈から推測しながら理解したり，自分の考えを即興的に伝えたりすることができる姿です。

●他者に配慮しながら，主体的に英語を用いてコミュニケーションを図ることで培った学びを，人生や社会で生かすことができる姿です。

Q60 ▶ 日々の授業で大切にしたいことは何ですか？

①教師自身が英語の user であり，learner である姿を見せる。

②テンポよく活動を進めて時間を生み出し，子供が英語を活用する機会を十分に確保する。

③互いの考えや気持ちなどを伝え合う対話的な言語活動をいっそう重視する。

④指導と評価が一体化するように単元ごとに見通しをもって指導する。

Q61 ▶ 授業をどのように計画すればよいですか？

　子供が安心して英語を話せる学級の雰囲気づくりをし，英語を使いたくなる場面設定を積極的に取り入れましょう。

❶ 授業で取り入れたいこと

〈1〉ペアやグループワークを積極的に用いた言語活動（コミュニケーション活動）の充実

〈2〉 ICT 機器を活用したコミュニケーションの場面を想起する実際の画像や映像の提示

〈3〉 生徒の理解の程度に応じた英語を用いた All English の授業

❷ 1 時間の授業の流れ（例）

〈1〉 前時の復習【Review】（10分）

・Writing テスト，新出文型を用いた Small Talk など

〈2〉 新文型の導入【Presentation of the new material】（10分）

・具体物・ジェスチャーおよび ICT 機器を活用してコミュニケーションの場面を想起する実際の画像や映像を提示する。

・既習の文型を使って子供と対話していく中に新文型を織り込み，その意味を類推させていく。

〈3〉 新出単語および新出語句導入【New words and phrases】（5分）

・できるだけ日本語を介さず，イラストなどを見せてイメージで導入する。

〈4〉 本文読解と音読・暗唱【Check of understanding and Reading】（10〜15分）

・音読指導法（例）Listen and Repeat / Slash Reading / Overlapping
                Shadowing / Read and Look up / Recitation

〈5〉 コミュニケーション活動【Communicative Activities】（10〜15分）

〈6〉 まとめおよび振り返り【Evaluation】（5分）

・板書事項のまとめを記入する。

・自己評価表などを用いて学びを振り返り，次につなげる。

※新任の先生方に向けた基本的な流れです。生徒の実態や新学習指導要領に合わせて工夫をしていきましょう。

Q62 ▶ パフォーマンステストはどのように行ったらよいですか？

　授業で学んだこと，身に付けた力を適切な方法で評価する必要があります。そこで，従来の文法の知識や読む力を測るような筆記テストのみならず，思考力，判断力，表現力を測るパフォーマンステストを実施します。これを行うことで，「もっと英語を使いたい」「英語で伝えたい」という思いをもち，積極的に英語でコミュニケーションを図ろうとする態度を育みます。

Hello

❶ パフォーマンステストの種類

〈1〉 話すこと…【発表】スピーチ・プレゼンテーションなど

　　　　　　　【やり取り】対話・インタビュー・面接・ディベートなど

〈2〉 書くこと…エッセイ・レポートなど

〈3〉 技能統合型…聞いた内容，読んだ内容に対して適切に応じるもの

❷ 評価方法

　観点を明確にし，具体的に評価規準を設定した評価（ルーブリック評価）を用いて行います。

※ルーブリックとは…学習到達の度合いを示す数レベル程度の尺度と，それぞれのレベルに対応する
パフォーマンスの特徴を示した記述語からなる評価基準表。

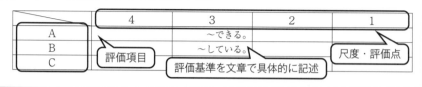

Q63 ▶ GCT はどのように進めればよいですか？

　GCT とは，Global Communication Time の略で，平成27年度より，小学校で培った「聞く」
「話す」の２技能を伸ばすことで小中連携を図り，中学校３年生までの９年間を通して，「英語
が話せるおかざきっ子」を育成することを目的としています。ALT と JTE とのティームティ
ーチングにおいて，授業を進めるのは ALT，支援や補助をしていくのは JTE です。基本的に
All English で授業を進め，生徒もすべて英語で会話をすることを促します。そのため，間違
いを恐れずにコミュニケーションを図る雰囲気づくりが何より大切になります。

❶ GCT の授業の流れ

〈1〉Warm-up　　　　与えられたトピックに関して２～３文で英会話をします。そして，パート
　　　　　　　　　　ナーの情報をしっかりと覚え，全体に発表します。

〈2〉Development　　提示された絵や写真についての説明を行い，即興性を養います。

〈3〉Main Activity　与えられたミッションを達成するために，自分の英会話力を駆使してコミ
　　　　　　　　　　ュニケーションを図ります。

〈4〉Presentation　　ミッション達成のために仲間から得た情報を言い換えるなどして自分の英
　　　　　　　　　　語を駆使し，情報を全体に発表します。

❷ JTE の役割

〈1〉生徒のモデル

　ALT との対話モデルとして，先生も自分自身の本当の気持ちや考えを話すようにしましょ
う。また，理解できない生徒がいたら，簡単な英語を用いて表現するなどの解決方法を見せま
す。

〈2〉生徒の評価

　普段の授業と同じように，GCT の授業でもきちんと評価をします。主に，主体的に学習に
取り組む態度，学びに向かう力，また，思考力，判断力，表現力を評価することができます。

〈3〉活動の把握および改善

　子供のことがよく分かるのは JTE です。生徒の活動の様子から課題を見いだし，改善点を
ALT に伝えていきましょう。

「主体的・対話的で深い学び」を実現するための教師支援とは

〈外国語科・外国語活動共通〉

○英語の音声やリズムに慣れ親しむ体験的な活動を繰り返し行います。発音の際に，動作を交えるのもよいでしょう。ICT を活用すれば，歌やチャンツを行ったり，技能習得のための個別の活動を行ったりすることができます。また，子供が日本語と英語の音声やリズムの違いに注目するような発問を行うことも効果的です。テンポよく授業を進め，活動時間を確保することが大切です。

○実際の身近な生活で，英語で伝えるべき場面を設定することで，子供が必然性を感じる言語活動となります。自己紹介などのスピーチや，インタビュー活動，調査活動などを行い，相手と伝え合いたいという思いを高めます。その際，それぞれの活動の目的や子供の実態に応じて，ペア活動やグループ活動などの指導形態を工夫します。

○目指す子供の姿や単元の目標を明確にもつことで，指導と評価が一体化します。目指す姿を子供と共有し，振り返り活動を行うことで，子供が自らの課題を見つけ出すことにつながります。

「主体的・対話的で深い学び」をする子供の姿とは

〈外国語活動〉

●英語を通して，言語や文化の理解を深め，日本語と英語の音声の違いに気付き，英語の音声や基本的な表現に慣れ親しむ姿です。

●身近で簡単な事柄について，英語で聞いたり話したりして，自分の考えや気持ちなどを伝え合う姿です。

●相手に配慮しながら，主体的に英語を用いてコミュニケーションを図る体験を通して得た学びを，人生や社会に生かすことができる姿です。

〈外国語科〉

●英語の音声や文字，語彙，表現，文構造，言語の働きなどを理解し，日本語との違いに気付き，言語活動を通じて英語に慣れ親しむことで，これらの知識を実際のコミュニケーションにおいて活用できる技能へと結び付けることができる姿です。

●身近で簡単な事柄について，目的や場面，状況などに応じて聞いたり話したりするとともに，英語の語彙や表現を推測しながら読んだり，語順を意識しながら書いたりして，自分の考えや気持ちなどを伝え合うことができる姿です。

●他者に配慮しながら，主体的に英語を用いてコミュニケーションを図る体験を通して得た学びを，人生や社会に生かすことができる姿です。

Q64 ▶ 小学校外国語科と外国語活動の違いは何ですか？

①外国語活動の目標は，コミュニケーションを図る素地を育てることであり，外国語科の目標は，コミュニケーションを図る基礎を育てることです。素地とは，外国の文化や言葉への興味・関心を高め，英語に慣れ親しむ態度です。基礎とは，身近で簡単な事柄について，慣れ親しんだ英語を使って自分の気持ちや考えを伝え合う力です。

②外国語活動では，中学年を対象に「聞く」「話す」活動を行います。外国語科では，高学年を対象に「聞く」「話す」「読む」「書く」活動を行います。

③外国語科では，文字指導を行います。文字指導は，音声で十分に慣れ親しんでから行うことに留意しましょう。外国語活動では，文字指導をする必要はありません。

Q65 ▶ 日々の授業で大切にしたいことは何ですか?

①教師自身が英語に触れること,英語を使うこと,英語を学ぶことを楽しむ姿を見せる。
②テンポよく活動を進めて時間を生み出し,子供が英語を活用する機会を十分に確保する。
③互いの考えや気持ちなどを伝え合う対話的な言語活動をいっそう重視する。
④指導と評価が一体化するように,単元ごとに見通しをもって指導する。

Q66 ▶ 授業で取り入れたいことは何ですか?

❶「言語活動(コミュニケーション活動)」を軸にした展開

身近で簡単な事柄について,自分の考えや気持ちを伝え合う「言語活動(またはコミュニケーション活動)」を軸に授業を進めます。パターン・プラクティス(文型練習)などの反復練習やダイアログ(対話)の暗記ではなく,英語の音声やリズムに慣れ親しむ練習を体験的に繰り返し行った上で言語活動へ展開することで,子供は,「英語で思いが通じた」という達成感や充実感を味わうことができます。子供は一気に変わることはありません。コミュニケーション能力は,時間をかけ地道に育てる必要があります。

❷ 視聴覚教材,ICT(デジタル教材)の活用

実際のコミュニケーションの場面を画像や映像により提示することで,外国の文化への理解を深めたり,言語活動を行う目的や場面,状況を明確にしたりすることができます。ICT活用の効果を高めるために,提示するタイミングや教師の言葉がけを吟味しましょう。

❸ ペア・ワーク,グループ・ワークの導入

「相手に伝えたい」「相手のことを知りたい」という思いは,英語を使う大きな動機となります。そして,実際に友達と伝え合う体験を積み重ねることで,子供は英語を使うことができるようになります。ペアやグループを意図的に配置することも効果的です。会話を持続させるために,相槌や一言感想,繰り返しなどの反応の仕方を,段階的に指導しましょう。

Q67 ▶ ティーム・ティーチングの進め方の留意点は何ですか?

❶ 打ち合わせ

授業の目標や指導過程の確認をし,担任とALTとのやり取りをリハーサルし,各活動の時間配分を決めます。授業後には振り返りを行い,指導の改善を行います。

❷ 役割分担

子供をよく知る担任は,子供が安心できる存在であり,子供とALTとのつなぎ役です。立ち止まって理解を深めたり定着を図ったりしたいときに,意図的指名や問いかけなどを行い,子供と積極的に対話しましょう。

❸ 評価

担任は，以下に示す評価の方法を念頭に置いて，評価者としての役割を担います。ALT は評価の補助を行います。担任が行動観察により評価をする際には，ALT が進行役となったり，子供の中に入って支援したりするようにしましょう。

〈評価の方法〉
ア　授業観察…一人一人の子供が友達や授業者との関わり合いの中で，言語活動や歌，ゲームに参加している様子を長期的に継続して授業観察・記録を行います。
イ　ワークシートの活用…ワークシートは，学習の記録として累積し，子供の成長過程の把握に生かしましょう。また，子供の学習の様子が分かり，保護者の理解と協力を得るための資料にもなります。
ウ　子供の自己評価…「自分の思うことが言えたか」「ALT の先生の言うことが聞き取れたか」など具体的な視点を与えた上で考えるよう促し，学習意欲の向上に役立てましょう。
エ　子供同士の相互評価…スキット発表などのグループ活動を行うときに効果的です。友達のよさを発見し，友達が自分をどう見ているかが分かり，他者配慮の意識を育てることにもつながります。

Q68 ▶ 授業をどのように展開すればよいですか？

授業の基本的な流れは，子供の興味・関心に応じて，以下に記す活動を設定していく必要があります。次に挙げる順で，様々な活動をバランスよく行いましょう。

❶ 挨拶

「Hello.」「Good morning.」といった簡単な表現を使い，進んで子供とやり取りしましょう。慣れてくれば，体調や天候などについての短いやり取りを，指名した子供と行ったり子供同士で行ったりしましょう。高学年では Small Talk を行い，ALT の話を聞いたり，ペアで自分の思いを伝え合ったりしましょう。緊張を解きほぐし，互いを受容する態度を育てるために，楽しく英語を耳と口にする時間にするよう心がけることが大切です。

❷ 歌・チャンツ

ネイティブ・スピーカーによる歌やチャンツを聞くことにより，正確な発音を学ぶことができます。子供は歌やチャンツのリズムにのって，英語の発音を吸収することができます。デジタル教材では，曲のテンポや字幕のあるなしを操作することができます。特に，中学年では，動作を交えることでより楽しい活動になります。

❸ ゲーム・遊び

ゲームや遊びの中での「遊び感覚」の学習を通して，英語に触れる楽しさ，人とのコミュニケーションを楽しむ態度を育てていきます。テンポよく良質な英語をシャワーのように浴びせることで，聞く活動を充実させることが大切です。

❹ 言語活動（コミュニケーション活動）

いろいろな表現を知ることで，簡単な会話やスキットに取り組ませることができます。活動を円滑に進めるために，Smile（笑顔），Clear Voice（相手に聞こえる声），Eye Contact（視

線を合わせる）を心がけることから始めましょう。会話を持続させるために，反応し合うことや，その場で質問，応答したりすることを取り入れていきましょう。英語活動では，できるようにする必要はありません。英語に慣れ親しむことを第一としましょう。

❺ 書く活動（英語科）

最後は着席して，落ち着いた空気の中で授業を収束させます。書く活動では，自分を紹介する英文を形として残す達成感や楽しさを味わわせたいものです。教科書やワークシートの単語や文を書き写す際に，声に出しながら書いたり，相手に自分のことを伝えるなどの目的をもって書いたりすることで，子供が楽しく取り組むことができるようになります。

Q69 ▶ 読む・書くことの指導と評価をどのように行えばよいですか？

❶ 文字の正しい音読と識別

アルファベットを正しく音読したり，大文字と小文字を識別したりできるようにします。歌やチャンツ，絵本の読み聞かせなどにより，楽しみながら読むことが大切です。

❷ 必要な情報の読み取りと簡単な語句や基本的な表現の識別

語句や簡単な文を読み取ったり識別したりします。掲示やパンフレットなどを扱い，絵や写真を理解の助けとして活用します。絵本の読み聞かせは，表情豊かに行いましょう。

❸ 大文字，小文字の筆記

発音を聞いて，大文字，小文字を書きます。4線を「地上」「地下」「2階」に分類し，アルファベット順ではなく，大文字と小文字の形が同じ文字から教えるなどの工夫をしましょう。

❹ 簡単な語句や基本的な表現の書き写し

教科書やワークシート上の英文を書き写すことができるようにします。機械的な作業にならないように，「学級の仲間に○○を伝える」などの目的ある活動にしましょう。

❺ 自分に関する事柄についての選択記述

慣れ親しんだ表現を使って，自分のことについて，例の中から言葉を選んで書くことができるようにします。つづりを覚えることを求めず，子供が書けた達成感を味わう活動にすることを心がけましょう。

❻ 評価

文字や語句，文を正しく音読すること，4線上の正しい位置に書くことを，音読を聞いて書き取るテストやワークシートの記述により評価します。子供の意欲を低下させないために，子供のつまずきに寄り添った朱書きや，内容についての肯定的な返答を子供に返していきたいものです。

道徳科における「主体的・対話的で深い学び」

○「主体的な学び」の視点

　児童生徒が問題意識をもち，自己を見つめ，道徳的価値を自分自身との関わりで捉え，自己の生き方について考える学習。各教科で学んだこと，体験したことから道徳的価値に関して考えたことや感じたことを統合させ，自ら道徳性を養う中で，自らを振り返って成長を実感したり，これからの課題や目標を見つけたりすること。

○「対話的な学び」の視点

　子供同士の協働，教師や地域の人との対話，先哲の考え方を手がかりに考えたり，自分と異なる意見と向かい合い議論すること等を通じ，自分自身の道徳的価値の理解を深めたり，広げたりすること。

○「深い学び」の視点

　道徳的価値の理解を基に，自己を見つめ，物事を多面的・多角的に考え，自己の生き方について考える学習を通して，様々な場面・状況において，道徳的価値を実現するための問題状況を把握し，適切な行為を主体的に選択し実践できるような資質・能力を育てる学習。

Q70　道徳科は何をするのですか？

　道徳科は，「自己を見つめる時間」といえます。自己を見つめることを通して，これからよりよく生きようとする道徳的な価値感を高める時間です。例えば「嘘をついてはいけない」ということは，頭では分かっています。そのことについて自分の考えを確かめ，周りの人はどう考えているかを踏まえ，自分の捉え方はどうなのかを振り返る時間にしたいものです。この過程が「道徳的価値の自覚を深める」ことになります。この時間は，学校の教育活動全体で取り組む道徳教育の要になります。だから，道徳科は年間35時間（小学校１年生は34時間）実施して初めて機能する時間なのです。さらに，以下のことに留意します。

❶ 計画的，発展的に指導する

　例えば，「思いやりの心を育てる」ことは大切です。しかし，特定の価値ばかりを取り上げるのではありません。また，「廊下を走る子が多いから規則尊重を指導する」といった生徒指導的な発想でもありません。学習指導要領に示された道徳的価値を，子供の発達段階に即して，計画的，発展的に指導します。学校で作成された年間指導計画や別葉を参考にします。

❷ 学校の教育活動全体で行う道徳教育を補充，深化，統合する

　特別活動や総合的な学習の時間で学習する内容を，道徳科で指導するのではありません。

　道徳科以外で学習した道徳的諸価値を，自分の生活や生き方全体に広げて捉え直し，自分のものとして発展させていこうとするのが道徳科です。

❸ 道徳性を育成する

　道徳性とは，人間としてよりよく生きていく力です。主として，道徳的判断力，道徳的心情，道徳的実践意欲と態度を合わせたものです。道徳性は道徳的実践の基盤となります。

Q71　道徳科はどのような授業展開をするのですか？

　一般的な展開を示します。ただし，子供の実態や指導内容により，弾力的に考えることが大切です。例えば，展開後段はない場合もあります（❷展開に示す「その後…」以降のこと）。

❶ 導入

　ねらいとする道徳的価値への方向付けをしたり，教材への興味関心をもたせたりします。

❷ 展開

　教材の登場人物の気持ちを想像したり，行為の意味について考えたりして，互いの価値観を出し合い，学び合います。多様な価値観を引き出し，多面的・多角的に考えることが大切です。ただ，生活面の問題解決的にならないようにしなくてはいけません。その後，「正直に行動してよかったことはありますか」などと問いかけ，教材の話し合いで深めた価値観を基に自分の生活経験を振り返るなどします。自分の在り方や生き方を見つめ直します。

❸ 終末

　学習を通して考えたことや新たに分かったことを確かめたり，学んだことを深く心に留めたりして，よりよい自分にしていこうとする気持ちを高めます。

Q72　指導法の工夫にはどのようなものがありますか？

　場面に分けて工夫を示します。

❶ 教材提示

　範読，読み聞かせ，語り（資料を配付しない），紙芝居，絵，劇，スライド，手紙，年表，映像や動画，録音テープ，実物や写真，音声・音楽の併用

❷ 導入（a. 教材への動機付け　or　b. 価値への動機付け）

　ねらいとする道徳的価値に関わる生活経験の想起，子供の日記・作文，新聞記事，資料に関わる実物や写真，アンケートの調査結果など

❸ 展開（話し合いを活性化させる教師の出番）

　コの字型など座席隊形の工夫，名前札，吹き出しプリントや学習シート，役割演技や演技を助けるお面などの補助具，ペープサートの活用，心のバロメーター（ものさし），ポイントとなる語句を押さえるカード，座席表を活用した意図的指名

○見える化➡板書による考えの類型化・話題や視点の明確化・話し合いの進行状況の明確化

○考えることへの支援➡思考を広げたり，深めたりできそうな問い返し・補助発問

○ツール➡シンキングツールの活用・大型テレビの活用・ホワイトボード・付箋など

❹ 終末

教師の説話・エピソード，格言・詩の紹介，ゲストティーチャーの話，ねらいに関わりのある人からの手紙，インタビューのビデオ，歌，黙考など

❺ 評価

ノートやプリントの文章，発言や態度の観察，質問紙法によるアンケート，日記や生活記録，日常の行動観察など

Q73 ▶ 道徳科における質の高い多様な指導方法とは何ですか？

深い学びにつながる質の高い多様な指導方法を一体的に理解する必要があります。

ア 読み物教材における登場人物への自我関与を中心とした学習

教材の登場人物の判断と心情を自分との関わりにおいて多面的・多角的に考えることを通し，道徳的価値の自覚を深める。

イ 様々な道徳的価値に関わる問題や課題を主体的に解決する学習（問題解決的な学習）

児童生徒の考えの根拠を問う発問や，問題場面を自分に当てはめて考えてみることを促す発問などを通じて，問題場面における道徳的価値の意味を考えさせる。

ウ 道徳的行為に関する体験的な学習

疑似体験的な活動（役割演技・動作化）などを通して，実際の問題場面を実感を伴って理解することで，問題や課題を主体的に解決するために必要な資質・能力を養う。

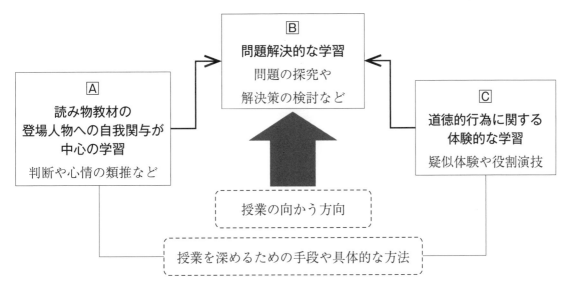

※「小学校学習指導要領解説　特別の教科　道徳編」に明記されました。

Q74　どのように発問するとよいですか？

〈発問の具体的な例〉

①主人公の考え方，感じ方を主人公の立場で考えます（共感的活用）。

　（例）「～のとき，○○さんはどんな気持ちだったでしょう。」

　　　　「～のとき，○○さんは，どんなひとり言を言ったでしょう。」

②主人公の行為や考えを，自分から見てどう思うか考えます（批判的活用）。

　（例）「○○さんのしたことをどう思いますか。」「○○さんはどうすればよかったのですか。」

③主人公に自分を重ねて考えます。

　（例）「自分が○○さんなら，どうするだろう。」「自分ならどうするだろう。」

④主人公の行為や考えを，自分から見てどう思うか考えます。

　（例）「○○さんのしたことをどう思いますか。」

　上記の①，②の形が一般的に活用されていますが，それ以外にも，「○○さんのどんなところが立派だと思うか」と主人公の行為を範例として受け止めたり，「一番心を動かされたのはどこか」と感動を大切にしたりする発問などもあります。また価値観のずれを問い返し，考えを広めたり深めたりする補助発問は，話し合いで重要な役割を果たします。下記に例を示します。

　（例）「○○さんの～という意見についてどう思いますか。」「～と言ったけれど，少しぐらいは大丈夫じゃないかな。」

Q75　子供の考えをどのように板書すればよいですか？

　羅列的に板書するのではなく，発言内容は簡潔な言葉でまとめましょう。ねらいに関わる子供たちの価値観を整理して板書すると，考えの違いが分かりやすくなります。例えば，スタンダードは以下の通りです。教材の特性と子供の実態を考慮して構成します。

〈板書力アップ！ちょいテク！〉

①場面絵の効果的活用
②円グラフや心情曲線を生かす
③ミニホワイトボードを生かす
④写真を活用する
⑤図式化とイラスト化する
⑥ICT機器を活用する

〈縦書きなのか，横書きなのか〉

　規定はありません。一般的には縦書きと言われますが，子供の学びの深まりに効果的であるならば，どちらの板書も実践すべきです。毎時間変えても構わないし，授業内容によっても異なるでしょう。例えば，ベクトルを図式化し，過程をたどっていく場合は，左から右への横書きが圧倒的に考えやすいです。いろいろな色や長さのチョークを準備しておき，線の太さも工夫して提示することで，子供たちの思考をさらに促進させられます。大切なのは，画一化せず，何が子供の学習にとって効果的なのかを授業者自身や学校全体で考えることです。

Q76 道徳科の評価はどのようにしたらよいですか？

❶ 個人内評価としての基本的な考え方

　道徳科の学習評価は，他の子供との比較によるものではなく，子供がいかに成長したかを積極的に受け止めて認め，励ます個人内評価として行うものです。そのため，指導する教師一人一人が，質の高い多様な指導方法へと指導の改善を図り，学習意欲の向上に生かすようにすることを理解した上で，学校の状況や一人一人の状況を踏まえた評価を工夫することが必要です。教師の明確な意図のもと，特に多面的・多角的な見方へと発展させているかどうか，また，学習指導改善の観点であり，道徳的価値の理解を自分自身との関わりの中で深めているかどうかという子供の評価の視点でもあるこの2点を重視します。

❷ 何を書くべきではないか

× 道徳科における評価とは，子供の道徳性を評価してはならない。

× 道徳科において養う道徳性は，数値などで評価してはならない。

× 観点別評価はしない。観点ではなく視点。

× 内容項目ごとに評価しない。おおくくりなまとまりで評価する。

× 他の子供との比較による評価はしない。

× 文字や言葉だけではない（発達障害等のある子供が抱える学習上の困難さを踏まえた指導と評価）。

〈評価の視点セブン〉

　☞以下の7つの視点から考えることが大切です。

　〈多面的・多角的な見方へと発展させているか見取る視点例〉

○道徳的価値に関わる問題に対する判断の根拠やそのときの心情を様々な視点から捉えようとしているか。

○自分と違う立場や感じ方，考え方を理解しようとしているか。

○複数の価値の対立が生じる場面で取り得る行動を多面的・多角的に考えようとしているか。

　〈道徳的価値の理解を自分自身との関わりの中で深めているか見取る視点例〉

○教材の登場人物を自分に置き換えて考え，自分なりに具体的にイメージして理解しようとしているか。

○現在の自分自身を振り返り，自らの行動や考えを見直しているか。

○道徳的な問題に対して自己の取り得る行動を他者と議論する中で，道徳的価値の理解をさらに深めているか。

○道徳的価値を実現することの難しさを自分のこととして捉え，考えようとしているか。

「主体的・対話的で深い学び」を実現するための教師支援とは

〇単元を貫く課題設定（主体的な学びの視点）

　課題と出会わせるときに，子供が驚いたり，危機感を抱いたりする工夫をします。現状を見せるだけでは子供の思いは高まらないので，何かと比較するのが効果的です。例えば，20年前のにぎわっている町の映像を見せたり，人口の経年変化を提示したりすることで，子供に問題意識が生まれ，課題を自分事として捉えることができます。

〇情報収集と整理分析の充実（対話的な学びの視点）

　総合的な学習では，「人・もの・こと」との関わりを意識することが大切です。課題解決に迫るために，調べ学習を設定することが多いです。課題に関連する施設の見学や，地域の人へのインタビュー，その道の専門家との対話などを通して，様々な視点から情報収集をします。また，集まった情報を整理分析する段階では，例えば「思考ツール」（p.72）を活用して話し合いをすることで，子供は自分の考えが可視化され，共有して考えることができ，協働的な学びとなっていきます。

〇まとめ・表現する場の設定（深い学びの視点）

　テーマや課題によって異なりますが，「発信の形」と捉えます。イメージしやすい形は，ポスターやリーフレット作り，俳句やカルタ，歌やダンスで表現することで，その方法は無限に考えることができます。また，情報を整理分析したものを防災マップにまとめたり，地域の方を招くイベントを企画したりすることにより，深い学びに近づくことができます。そして，単元の終末には，子供が何を学んだのか，自己変容を自覚できる振り返りの場を設定することが重要です。教師は，単元を終えたときに，どんな子供の姿を期待するのか，イメージを明確にもち，総合的な学習の学びをつくっていきます。

※総合的な学習の時間では，上記の「課題設定」，「情報収集」，「整理分析」，「まとめ・表現」の4つが連続して繰り返されることで，主体的・対話的で深い学びに近づきます（図1）。ただ，この4つの探究の過程は，常に順序よく繰り返されるのではなく，子供の問題意識に応じて，順番が前後されることや，1つの活動の中に複数のプロセスが一体化して行われることもあります。

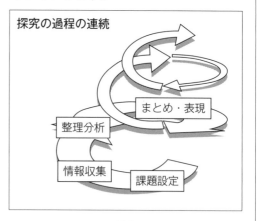

探究の過程の連続

まとめ・表現

整理分析

情報収集　課題設定

図1

Q77 ▶ 年間指導計画や単元計画をどのように立てればよいですか?

　まずは，各学校で作成されている全体計画に目を通し，その学校で伝統的，継続的に大切にされている地域教材や1年間の流れを把握します。指導計画や単元計画の作成にあたっては，前年度の学習活動の様子と，校内をはじめとする当該学年の過去の実践事例を基に，学習活動や育成を目指す資質・能力の実現を中心に計画を立案し，見通しをもって4月を迎えることが大切です。また，以下の3つの点に留意してください。

❶ 子供の学習経験に配慮すること

　例えば，総合的な学習の時間に初めて取り組む3年生の場合は，生活科における学習経験を把握しておく必要があります。

❷ 季節や行事など適切な活動時期を生かすこと

　例えば，地域の伝統行事が開催される日程やそれに関わる関係者の準備等の活動の展開を把握しておきます。そうすることで，子供が行事等を参観するだけでなく，地域の人々に話を聞いたり，準備に関わることで行事の背景や地域の人の思いや願いに直接触れたりすることができます。

❸ 外部の教育資源の活用及び異校種との連携や交流を意識すること

　学びを深めるためには，保護者や地域の人，専門家など様々な人々の協力，社会教育施設や社会教育団体等の施設・設備などの教育資源の活用が大切です。また年間計画の中に，幼稚園，認定こども園，保育所，高等学校，特別支援学校等との連携を意識することも大切です。

Q78 ▶ 各教科との関連をどのように考えればよいですか?

　各教科との関連を明らかにすることで，カリキュラムマネジメントの実現にもつながります。例えば，社会科の資料活用の方法や，数学科のデータ活用での学びを生かして情報を整理したり，国語科での文章の書き方を生かしてレポートや案内状を作成したりすることができます。

　このように，各教科での学びを総合的な学習に生かすことで，子供の学びは深まりと広がりを見せます。そして，小学校学習指導要領（平成29年告示）解説「総合的な学習の時間編」のp.97にある「総合的な学習の時間と各教科等の単元を関連付けた年間指導計画（例）」のように，総合的な学習の単元と各教科の単元を配置することに加え，総合の関連を矢印で結べば，1年間のカリキュラムが作成できます。

　さらに育成を目指す資質・能力を記し，それらが相互に関連することを示すことで，学習活動はいっそう充実します。

Q79 ▶ 岡崎市環境学習プログラムはどのように使えばよいですか？

　このプログラムは，岡崎市内全小中学校における義務教育９年間を通した，岡崎市独自の環境教育に特化したものです。義務教育９年間の学習内容，身に付けたい力の系統性が示されています。基本的には，全学年で年間15時間を実施しますが，学校の特性や単元内容に応じて弾力的に扱う場合もあります。小学校４年生の単元構造図を例に挙げます（下の資料）。

　資料の左の部分（学びの過程）に，探究の４つの過程が，明記されています。

　また右側には，関連する教科や異学年での活動も明記されていますので，教科横断的な視点からも活用できます。

　しかし，このプログラムはあくまでも一例です。単元を構成する際は，子供が何に問題意識をもって，どんな取り組みを進めていくか，また学区の実情はどうかなどを念頭に置くようにします。

　なお，全学年のワークシートや，学びの振り返りの指針となるパフォーマンステスト，ルーブリックを，岡崎教育ネットワークOKリンクからダウンロードすることができます。

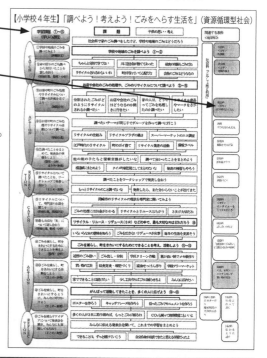

Q80 ▶ 思考ツールとはどのようなものでどのように活用すればよいですか？

　思考ツールとは，学びを深めるための道具であり，子供の思いや考えを視覚的に表すものです。事象や意見を「分類する」「比較する」「関連付ける」など，目的や課題に応じてツールを活用します。曖昧であった考えや情報を整理したり，学んだこと同士をつなげ，目的を達成したり課題を解決したりします。知識を相互に関連付け，構造化が求められる「深い学び」を具現化するには，思考ツールは非常に有効です。前出p.70の「整理分析」の場面で，考えるための技法として活用します。「ベン図」や「ウェビングマップ」と聞けば，イメージができるでしょう。

　ただし，ツールを使うことが目的ではなく，学びを整理し深めるための手段として活用しますので，ツールを使うことで，何が見え，どんな力が付くかを吟味する必要があります。教科や学年を問わず，目的に応じて活用してみましょう。

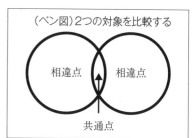

「主体的・対話的で深い学び」を実現するための教師支援とは

○子供が自分たちの生活から課題を見つけることができるようにする。「みんなでしてみたいこと」「学級生活がよりよくなること」「みんなで解決したいこと」「以前の活動で課題となったこと」などの視点を示す。

○切実感のある議題を設定し，多様な他者との話し合い活動を展開する。集団活動を進める上での合意形成を図ったり，話し合いを通して自分の考えを広げ，個人目標の意思決定を行ったりすることができるようにする。

○話し合いで合意したことや意思決定したことに自主的，実践的に取り組むことができるようにする。振り返りの時間を設定し，実践を通して得た「気付き」を，日常生活に生かすことのできる「学び」に変えていけるようにする。

「主体的・対話的で深い学び」をする子供の姿とは

●「運動会に向けて学級の団結のシンボルになるものを作りたい」「トイレの使い方がよくないので話し合いたい」など，諸課題に気付くことができる。

●課題を自分事として捉え，意見を伝え合うとともに自分と異なる意見にも耳を傾けて，折り合いをつけながら意見をまとめたり，自分の考えを再構築したりすることができる。

●実践についての振り返り活動を通して，新たな課題の発見や目標の設定を行ったり，自分のよさやがんばりに気付き，自己肯定感を高めたりすることができる。

Q81 学級会（話し合い活動）の一般的な進め方とはどのようなものですか？

①歌，ゲームなど（3分）…楽しい雰囲気をつくります。

②司会団の紹介（1分）…原則として司会団は輪番制とします。

③議題の発表（1分）…ノート記録が発表します。

④話し合いのめあての発表（1分）…副司会が発表します。

⑤教師の話（1分）…話し合いのポイントや，会の意義などを簡潔に話します。

〈一般的な司会団の構成〉

司　　会…1名
副　司　会…1名
黒板記録…1or2名
ノート記録…1名

⑥提案理由（2分）…提案者が原案に基づいた提案理由を発表します。

⑦提案への質疑応答（4分）…原案づくりに参加した計画委員も答えます。

⑧協議（27～32分）…話し合いの柱立ては，小学校で2つ，中学校で3つ程度が適切です。

⑨決定事項の発表とまとめ（3分）…決まったことをノート記録が発表し，特活ノートやワークシートに話し合いのまとめを簡潔に記録します。

⑩教師の話（2分）…司会団や個別のよさを，具体的な姿で称賛します。

Q82 ▶ 学級会（話し合い活動）ではどのようなことを指導したらよいですか？

　学級会では，話し合い活動を充実させ，集団での合意形成を図ります。当日の指導では，教師は「子供に任せながら，ここぞという場面で出る」意識で，積極的に指導しましょう。

❶ 学級会まで（事前の指導）

〈1〉事前に議題（原案）を全員に提示し，一人一人が意見をもって学級会に臨むことができるようにします。教師は議題に対する全員の意見を把握しておきます。

〈2〉1時間で話し合って結論が出るくらいまで議題（原案）を絞り込んでおきます。

〈3〉教師は学級会が成功するように，事前に司会団と綿密な打ち合わせを行います。

❷ 学級会の中で（教師の出場）

〈1〉学級会の仕方を指導したり，子供の板書を援助したりします。

〈2〉論点が外れたり，話題が突然飛んでしまったりする場合に，話題を戻したり問題点を整理したりします。

〈3〉司会が円滑に話し合いを進められない場合に，深めたい意見を取り上げ，みんなで考えるように助言します。

〈4〉安全面や金銭，場所，時間に関する内容は教師が最終的に判断します。

〈5〉話し合いについて，名前を挙げて具体的に褒めます。特に教科であまり活躍できない子を意識的に褒めるようにしたいです。

❸ 学級会後に（事後の指導）

〈1〉「話し合い」を「実現」に結び付けるまで支援します。安全面に配慮し，費用がかかることについては子供任せにせず，学年・学校や保護者の了解のもとに行います。

〈2〉「特活ノート」や「ワークシート」に振り返りの欄をつくるなどして，子供が実践の振り返りを行うことができるようにします。

〈3〉実践の様子や振り返りを「学級活動コーナー」として掲示したり，「学級のあゆみ」として残したりすることで，実践の継続や新たな課題の発見につなげられるようにします。

Q83 ▶ 活発な係活動を実現するために留意することはどのようなことですか？

　学級内の諸活動は，当番的な活動と係活動に分けられます。当番的な活動は学級生活を維持運営するために，全員で輪番的に活動するものです。係活動は，子供の自発的，自治的な活動として学級の独自性が発揮できる活動です。発達段階を踏まえて指導することが大切です。

❶ 係活動の内容や編成方法について，学級全体で話し合い検討する

　学級目標に向かって，係活動でどんなことに挑戦すれば学級集団の向上につながるかを学級全員で話し合います。編成方法についても固定化せずに教師が助言を与えながら，子供が納得する方法で決定させたいものです。

❷ 活動の環境を整える

活動する時間，場所，内容を知らせるための掲示板や活動に必要な道具など，活動の環境を整えることが教師の役割です。

❸ がんばっている様子を具体的に褒める

当番活動がいい加減なときは，指導する場合も必要です。係活動にも指導は必要ですが，叱責はあまり好ましくありません。進んでやれているときに，すかさず褒めましょう。

❹ 自発的・自治的な活動を推進する

係活動は自分たちで実践できる活動を話し合い，学級が楽しく豊かになるような係を決めて実践するという，子供の自発的・自治的な活動です。ただし，子供の経験と発達段階にはかなり差があるので，実態に合わせて，係活動と当番活動の違いをきちんと指導することが必要になります。子供任せにするのではなく，教師の意図的な関わりが大切です。

Q84 ▶ 充実した学級の集会活動を行うためにはどのようにしたらよいですか？

子供は学級での集会活動を大変楽しみにしています。また，全員で1つのことに取り組む活動は，一人一人の子供が学級での存在感を感じ，団結が深まる活動でもあります。

❶ 集会のねらいをはっきりさせる

休み時間の遊びと異なり，単に楽しいことをやればよいというものではありません。「男女が仲良くできるようにする」「今学期のがんばりを振り返る」など，ねらいに合った楽しい活動ができるようにします。そのために，学級会で「ねらい」についてきちんと話し合います。

❷ 全員で役割分担をする

誰もが何かで集会活動に貢献できるようにします。全員で役割分担をして準備・運営を行うと，一人一人が主役になり，全員で集会を行ったという実感がもてます。多様な役割を準備したり，集会活動ごとにリーダーを交替で行ったりと役割分担を工夫することで，子供は責任感や満足感を得られます。

❸ 振り返りの場を設定する

集会終了後に「集会がねらい通りできたか」「友達のよい面は見られたか」「うまくできなかった点はあったか」「あったならばその原因は何か」など活動を全員で振り返り，次回の集会活動に向けての課題とすることが大切です。

❹ 「誰もが楽しめる」ことを重視する

安全面には十分配慮します。また，内容によっては，体力・運動能力の差や，チーム編成などへの配慮が必要になります。「誰もが楽しめること」こそ，集会活動で最も重視すべきことです。

Q85 ▶ 学級活動で生活指導的な内容を指導するポイントは何ですか？

　学習指導要領の示す学級活動の内容の１つに「生活を改善するための話し合い」があります。生活上の問題について，自分たちで気付き解決していこうとする姿勢を育むことが大切です。

❶ 実態を把握する

　目の前の子供たちの実態を見て，活動を設定します。そのために子供の実態を調査します。給食や清掃などは調査がとても大切です。たとえば，写真や動画で実際の様子を撮影しておくと，子供の切実感に訴えかけるのに有効です。調査によって子供は関心を高め，自分たちの実態を具体的に捉えて，自らの問題として話し合いに臨むようになります。

❷ 指導すべきことは教師がきちんと指導する

　発言の自由は大切ですが，生活指導的な内容では，必ずきちんと指導すべきことがあります。また，子供たちが知らないことがあれば，教師がきちんと伝えなければなりません。子供が主体的に問題解決の方法や対処の仕方を考えられるよう，必要な情報を教師から提供します。

❸ 子供で解決できる部分はできる限り子供の手で

　生活指導的な内容でも，子供で解決できる部分はできる限り子供の話し合いで解決させたいものです。それが子供の自治的能力を育てる１つの手だてとなります。「自分たちで決めたことだから絶対に守る」という態度は，学級の絆を深めることにもなります。

❹ ゲストティーチャーやティームティーチングの活用も視野に

　取り上げる内容によっては，養護教諭や栄養教諭，学校栄養職員，司書教諭，地域の警察官や行政関係者等の専門性を生かした，ゲストティーチャーの招へいやティームティーチングの活用も有効です。

Q86 ▶ 学級活動におけるキャリア教育とは具体的に何をすればよいのですか？

　平成29年告示の学習指導要領から，それまでの中学校に加え，小学校学級活動の内容にも「一人一人のキャリア形成と自己実現」が明記されました。キャリア教育は学校の教育活動全体で行うものですが，特別活動はその要として位置付けられています。

❶「○年生になって」「もうすぐ○年生」など，現在及び将来について考える活動

　アンケートや上級生，保護者へのインタビューなどを行い，自分がめざす姿，それに向けて努力すべきことなどを話し合います。個々の考えや可能性を広げ，強い決意をもって実践できるようにします。

❷「きれいな教室」「家庭学習の在り方」など，社会参画，勤労観，学習態度を意識した活動

　未来の自分という視点をもつことで，子供のキャリア形成に資する話し合いになります。学んだことを１年間積み重ねていくことで，次年度や将来に向けた意識付けができます。

❸ 学びの蓄積と連続性を大切に

ポートフォリオ的な教材（キャリア・パスポート）を活用し，年間5回程度は記録として残していくことで，学んだことを蓄積します。また，キャリア・パスポートは，小学校から中学校へと引き継いでいくべきものです。学校で作成して年間計画に位置付け，各学年で系統的に学ぶことが大切です。小学校は中学校への接続を，中学校は小学校からの接続を意識した活動を行うようにします。なお，キャリア・パスポートについては，文部科学省のホームページに例示資料があります。

Q87　盛り上がりのある児童会・生徒会活動にするための手だては何ですか？

児童会・生徒会活動は，全校の子供による組織的な集団活動であること，子供や地域の実態に即した活動であること，自発的で自治的な活動であることを特色としています。子供が楽しく充実した学校生活を送る上で，とても大切な役割を果たしています。児童会・生徒会活動が活発に行われている学校には活気があります。子供が主体的に活動できるためには，子供に「任せる」という教師の姿勢が大切です。これは，決して放任ではありません。むしろ教師主導で進めるよりも，多くの指導・支援が必要となってきます。

❶ 学級とのパイプを太く

コーナーの設置や昼の放送の活用，通信の発行など，情報をいつも全校に発信して活動をよく知ってもらうようにします。そして，知ってもらうだけでなく児童会・生徒会の提案を学級でも検討してもらいます。逆に，学級での問題点や課題を児童会・生徒会が吸い上げられるようにもしておきます。このように，学級と児童会・生徒会とのパイプを太くしておくことで，相互補完的な関係を構築することが大切です。

❷ 多くの子供が関わるように

集会の運営などでは，中心になって進める子供に対して，計画段階で教師が積極的に関わって成功の見通しをもたせることが，子供が自信をもって進められることにつながります。また，学級代表や委員会を巻き込んだり，実行委員を全校に向けて募集したりと，多くの子供が運営に携わるようにします。役割分担を明確にすることで，子供の意欲と責任感が喚起され，自発的・自主的な活動を推進することにつながります。

Q88　クラブ活動（小学校）を意義のある活動にするための手だては何ですか？

クラブ活動は共通の興味・関心を追究する，異年齢の児童による自発的・自治的活動です。

❶ 子供による話し合いと活動時間の確保

子供が思いや願いを出し合って十分に話し合い，その結果を活動計画に反映させます。

❷ 外部講師の積極的活用

子供の自主的活動であることを踏まえ，意図や教育的配慮を理解した上で協力を求めます。

「主体的・対話的で深い学び」を実現するための教師支援とは

　視聴覚・情報機器や各種ソフトウェア，コンテンツ等のICTを上手に活用することで，子供の学びが，より主体的・対話的で深まりのあるものとなります。たとえば，タブレット端末で瞬時に情報を共有して話し合いを行う授業や，個々の能力や興味関心に応じてアプリケーションを活用する授業を行うことで，学級集団の中で一人一人が生き生きと学ぶ姿が生まれます。

「主体的・対話的で深い学び」をする子供の姿とは

　子供が，問題解決に向けて必要な情報を，主体的に集約，判断，表現，処理，創造し，受け手の状況などを踏まえて，発信，伝達できるようになれば，学びがより主体的・対話的で深いものになります。

Q89　子供に身に付けさせたい情報活用能力にはどのようなものがありますか？

　情報活用能力とは，大量の情報の中から必要な情報を取捨選択し，適切に活用する力です。また，情報手段を効果的に活用して，新たな知識や情報などの創造・発信や問題解決につなげていく能力のことです。情報活用能力には大きく分けて，次の3つの観点があります。

①**情報活用の実践力**とは，身近な生活でコンピュータが活用されていることや問題解決には必要な手順があることに気付く力です。小・中・高等学校段階に応じて分類されます。

　（小）身近な生活でコンピュータが活用されていることや，問題の解決には必要な手順があることに気付くこと。

　（中）社会におけるコンピュータの役割や影響を理解するとともに，簡単なプログラムを作成できるようにすること。

　（高）コンピュータの働きを科学的に理解するとともに，実際の問題解決にコンピュータを活用できるようにすること。

②**情報の科学的な理解**とは，コンピュータに意図した処理を行わせるために必要な論理的思考力，すなわち「プログラミング的思考」のことです。自分が考える動作の実現を，思いつきや当てずっぽうで命令の組み合わせを変えるのではなく，うまくいかなかった場合には，どこが間違っていたのかを考え，修正や改善を行い，その結果を確かめるなど，論理的に考えさせることが大切です。

③**情報社会に参画する態度**は，コンピュータの働きを，よりよい人生や社会づくりに生かそうとする態度です。他者と協働しながらねばり強くやり抜く態度の育成，著作権等の自他の権利を尊重したり，情報セキュリティの確保に留意したりするといった，情報モラルの育成も重要です。

Q90 一人一台タブレット端末の効果的な使い方にはどのようなものがありますか?

　グローバルな未来社会で自己実現できる子供の育成のために，一人一台タブレット端末「My タブレット」を有効に活用できます。また，タブレット端末を活用した学びで期待される学習効果には，「意欲的に追究する」「視点が明確になる」「表現力が引き出される」「協働的に学ぶ」「客観的に把握できる」「話し合いが活性化する」などあります。これらの学習効果を，授業の中で，導入，展開，まとめの場面で効果的に利用することを考えることが大切です。

学習場面ごとのタブレット端末の活用方法

①個別学習

　個に応じる学習：体育・保健体育科等で子供の活動を個々に撮影し，改善点を探る。

　調査活動：理科で観察記録を写真や動画で蓄積をする。社会科で見学の記録や対象となった人の
　　　　　　インタビューを撮影する。

　思考を深める学習：国語科等で作文の入力とともに，改行や文字修正が容易になる。

　表現制作：アニメーションのような表現活動ができる。

②協働学習

　発表や話し合い：タブレット端末に画像などを映して発表・話し合いを行う。

　協働で意見整理：見学で撮影したインタビューなどをグループで確認して整理する。

　協働制作：ビデオメッセージづくりやコラボノートを使ったデジタル模造紙づくりができる。

　学校の枠を越えた学習：テレビ電話等を使って，学校の枠を越えた交流ができる。

　また，My タブレットで実現できる個別最適化学習のイメージとして，「ハイブリッド教科書」「動画の視聴，ビデオチャットでの交流」「学習ドリル」「学び合い機能」「画面共有，大型モニターへの表示」「Office365（ワード，パワーポイント等）の利用」などがあります。「ビデオチャットでの交流」「学習ドリル」等を利用すれば，多様な子供を受け入れ，学ぶ場にも活用できます。

Q91 授業に役立つ資料や教材はどこで探せばよいですか?

　パソコンで利用できる映像やマルチメディア教材について，パソコン室や校内 LAN が導入された教室では，ネットを利用して映像を視聴することができます。文部科学省「教育の情報化の推進」教育 ICT 活用実践事例のホームページでは，ICT 教育活用事例映像集が公開されています。事例映像は，ICT の活用場面や活用意図が具体的に分かるよう，実際の授業での ICT 活用場面及び授業者がその活用効果について語る映像により，5 分程度にまとめられています。その映像をダウンロードできます。

また，NHK for School のホームページには「主体的・対話的で深い学びを実現させる教育」「学習の基盤としての情報活用能力を育む教育」など，教育課題に対応した教育実践を行うた

めの教育用コンテンツがあります。これらの教育コンテンツを含め，他にも授業に役立つ資料や教材は，岡崎教育ネットワーク OK リンクより検索することができます。

Q92 情報モラルの指導はどうすればよいですか？

情報モラルの指導は，道徳科での授業を中心に，特別活動や総合的な学習の時間，各教科での授業と連携させて横断的に行うことで，子供一人一人の意識や態度を高めていくことが重要です。

❶ 教科横断的に行う情報モラル指導をする

ICT に対する具体的な知識と情報社会をよりよく生きる心の両面を育むためには，1つの教科だけではなく横断的に連携させた指導を心がけることが大切です。例えば，特別活動の授業や生徒指導で，子供がインターネット上のトラブルに巻き込まれないようにするための知識や方法を，具体的な事例に基づいて指導する。そのうえで道徳科の授業で，「誠実・思いやり・礼儀」などの心情を取り上げ，ネット上のコミュニケーションでも通常の生活と同じように行動できる道徳性を育むことができる。

❷ 保護者会や授業参観などの機会に情報モラルの啓発をする

小中学生はスマートフォンを日常的に利用している状況です。また，スマートフォン以外にも，ゲーム機やタブレット端末などの使用により，インターネットを利用する場面や形態が多様化しています。そのため，SNS 等を介して，誹謗中傷や仲間外れ，不適切な画像のやり取り，意図しない出会いなど，様々なトラブルや事件と子供は隣り合わせの状況で生活しています。こうした課題に対応するた

めに，保護者への啓発は欠かせないことです。保護者会で情報モラル啓発の資料を基に，保護者に理解を促したり，授業参観で情報モラルの授業を行ったりすることが望まれます。

Q93 なぜプログラミング学習が始まるのですか？

　　今日，コンピュータは人々の生活で活用され，家電や自動車をはじめ身近なものにもコンピュータが内蔵されています。あらゆる物がコンピュータのプログラムを通してインターネットに接続し，互いに情報をやりとりすることによって，私たちに有益な情報を提供してくれます。こうした時代を生きる子供たちにとって，コンピュータの仕組みを理解することは，より主体的に人生を生きる力にもつながります。コンピュータに対して受け身になるのではなく，積極的に活用していく意識を育てることも，プログラミング学習に取り組むねらいの１つです。コンピュータをより適切，効果的に活用していくためには，初等教育の段階から，その仕組みを知ることは重要だからです。

Q94 プログラミング的思考とは何ですか？

　プログラミング的思考は，学習指導要領解説総則編では「自分が意図する一連の活動を実現

するために，どのような動きの組合せが必要であり，一つ一つの動きに対応した記号を，どのように組み合わせたらいいのか，記号の組合せをどのように改善していけば，より意図した活動に近づくのか，といったことを論理的に考えていく力」と定義付けられています。そして，情報モラルと同様に，プログラミング的思考を身に付けることも情報活用能力の１つとして位置付けられています。

Q95 プログラミング学習のねらいは何ですか？

　コンピュータは人が命令を与えることによって動きます。端的に言えば，この命令が「プログラム」であり，命令を与えることが「プログラミング」です。子供にプログラミングを教育することは，子供の可能性を広げることにつながります。

❶ プログラミング的思考力を育む

　プログラミング学習のねらいの１つとして，プログラミングを体験しながら，コンピュータに意図した処理を行わせるために必要な論理的思考力を身に付けることがあります。その論理的思考力がプログラミング的思考力なのです。そのプログラミング的思考は，学び方に新たな視点をもたらすことになり，主体的な学習へのきっかけになります。そして，生活の中に，家電や自動車などの様々なものにコンピュータが内蔵され，私たちのくらしをよりよくしていることに気付くことも大切です。

❷ コンピュータのよさに気付く

プログラミングの楽しさやおもしろさ，達成感などを味わえる題材をねらいとすることも大切です。学習指導要領に示されている各教科等とは別に，子供の負担過重とならない範囲で実施することができます。学校裁量で時間を確保し，簡単なプログラムを作成することが考えられます。

❸ 教科の学びをより確かにする

教科のねらいをしっかりと達成させるための手段としてプログラミング学習を活用します。有効活用するためには，プログラミングありきではなく，これまでの教科学習の中で，学習の定着が低かったり，学習の習得に時間がかかったりした場面を洗い出し，そこにプログラミングを活用することが大切です。「岡崎市プログラミング学習」モデルカリキュラムにある，指導案や教材等を基に授業を行えば，教科でのプログラミング学習を実践することができます。

Q96 ▶ プログラミング学習の授業はどのように進めればよいですか？

パソコンやタブレット端末といった電子機器を使用することなく，プログラミング的思考を育む方法もあります（アンプラグド）。カードやパズルなどを用いることで，コンピュータが動作する仕組みや，問題解決の手順（アルゴリズム）を学習します。小学校段階では，プログラミング体験をアンプラグド，ビジュアル，フィジカル型プログラミング学習という３つのステップに分類して進めていくことができます。ステップごとの長所と短所を考慮して進めることが大切です。

	学習概要	教 材	長所○と短所▲
アンプラグド型プログラミング学習	コンピュータを活用せずにプログラミング的思考を子供の中に落とし込んでいく学習	絵本カードボードゲーム	○ICT環境がなくても気軽に実践できる。▲概念の習得のみで終わる。
ビジュアル型プログラミング学習	機能部品を示すアイコンの組み合わせといった，直感的な操作でプログラムを作成する学習	スクラッチビスケット	○教材として扱いやすい。▲パソコン画面内の活動で終わる可能性が高い。
フィジカル型プログラミング学習	実際にロボットを動かすようなプログラミング体験を取り入れた学習	アーテックロボボルトマイクロビット	○教材に動きがあり魅力的な実践ができる。▲教材が高価である。

プログラミング学習を行う場所はパソコン室ばかりとは限りません。全ての教科・領域でプログラミング学習を取り入れる可能性があります。そのためには，教室はもちろんのこと，特別教室や体育館など，学習活動を行う場所でICTを活用できる環境の準備が必要です。

〈岡崎市プログラミング学習　モデルカリキュラム系統表〉

学年	必修	推奨	国語	算数	社会	理科	生活	音楽	図工	家庭	体育
1年	1	2	[1] おはなしをつくろう <スクラッチ・ジュニア>	[2] 3つのかずのけいさん <スクラッチ・ジュニア>					[3] できたらいいなこんなこと <ビスケット>		
2年	1	2	[4] ビーバーの大工事 <ピクチャーキッズ>	[5] たし算とひき算のひっ算(1) <スクラッチ2.0>			[6] わたしの町はっけん <キューブプレゼン>				
3年	2	2	[7] ローマ字はかせになろう <スクラッチ2.0>		[8] 商店ではたらく人 <キューブプレゼン>	[9] 太陽のうごきと地面のようすをしらべよう <スクラッチ2.0>			[10] 線と線が集まって <スクラッチ2.0>		
4年	2	2	[11] ことわざブックを作ろう <キューブプレゼン>	[12] 直方体と立方体 <スクラッチ2.0>		[13] 星や月(2)月の動き <スクラッチ2.0>		[14] 「歌のにじ」せんりつづくり <キューブ(音楽)>			
5年	3	2		[15] 必修 学習指導要領に掲載 円と正多角形 <スクラッチ2.0>	[16] 情報化した社会とわたしたちの生活 <クリップス>	[17] 電磁石の性質 <アーテックロボ2.0>			[18] 「Myキャラ」が動き出す <クリップス>	[19] 元気な毎日と食べ物 <スクラッチ2.0>	
6年	3	2	[20] 町の未来をえがこう <キューブプレゼン>	[21] 図形の拡大と縮小 <スクラッチ2.0>	[22] 日本とつながりの深い国々 <パワーポイント>	[23] 必修 学習指導要領に掲載 電気の性質とその利用 <アーテックロボ2.0>		[24] 和音の音で旋律づくり <キューブ(音楽)>			

　岡崎市では2019年度から独自に，全小学校において，小学校段階にふさわしく教科学習の目標に迫り，どの学校でも無理なく実践ができるように，「岡崎市プログラミング学習」モデルカリキュラムを作成しています。6年間で8教科24単元の系統的なプログラミング学習に取り組むことにより，全ての子供たちにコンピュータを活用するための論理的思考力や情報活用能力を育成するものです。モデルカリキュラムには，学習指導案，教材プログラムや操作説明動画などの「授業づくり4点セット」が準備されています。このように，きめ細かな手だてを講じることにより，市内の全ての教師が見通しをもって指導できる体制が整っています。岡崎教育ネットワークOKリンクより，「岡崎市プログラミング学習」モデルカリキュラムの指導案やワークシート等「授業づくり4点セット」を閲覧できます。

　また，文部科学省委託「未来の学びコンソーシアム」が作成した，学校プログラミング学習に関する研修教材があります。当該のホームページから指導案や実践事例を閲覧できます。

> No.15　必修 学習指導要領に掲載
> 5年　算数　円と正多角形
> <スクラッチ>
>
> 学習指導案
> ワークシート
> 教材プログラム
> 操作説明動画

Q97　気になる子供への対応の原則はありますか？

❶「安心感」があり「学級のルール」が明確な学級づくり

　原則の第一は、「安心感のある学級」づくりです。授業で、がんばって発表したことに対して、周囲に受け入れられなかったり、否定した言葉を返されたりすれば、学級での子供の居場所は狭くなるばかりです。原則の第二は、「学級のルール」です。明確にして、定着を図りましょう。特に、話を聞く態度の形成は、授業には欠かせません。根気よく指導し、よい態度の子供たちを褒めて学級全体に広げていきましょう。

❷ 教師の気付きが支援の第一歩

　気になる子供は、離席や暴言のような不適切な行動をする子供だけではありません。困っていても言葉で伝えることができない子供もいます。教師が子供の困っていることに対して、気付くことが支援の第一歩となります。子供の困っていることを上手に聴き取ったり、感じ取ったりすることができるよう心がけましょう。

Q98　発達障がいの子供の特性と支援例にはどのようなことがありますか？

　LD（学習障がい）、ASD（自閉スペクトラム症）、ADHD（注意欠陥・多動性障がい）などの発達障がいのある子供の支援は、通常の学級でも求められています。これらの障がいは、脳の中枢神経に何らかの機能不全があるとされていますが、その程度や状態は様々です。障がい名だけでなく、子供の実態を正確に把握し、支援の方法を考えていくことが大切です。

❶ LD の特性や支援例

　基本的には全般的な知的発達の遅れはありません。聞く、話す、読む、書く、計算するまたは推論する能力のうち、特定のものの習得と使用に著しい困難を示す特性があります。

　聞くことが苦手な子供には、言葉だけの指示ではなく、絵や写真などの視覚的な情報も提示して伝えるようにしましょう。読むことが苦手な子供には、絵と言葉カードを対応させ言葉のまとまりをつかませたり、指なぞりや短冊状の紙を添え文章や行に注目させたりしましょう。

❷ ASD の特性や支援例

　社会的な関係を築く困難さ、興味や関心の狭さや特定のものへのこだわりなどを特性とします。感覚過敏がみられ、大きな音を極度に嫌がったり、偏食が激しかったりなど感覚の偏りが見られる場合もあります。また、自分のことばかりを話したり、冗談や文脈が分からなかったりすることがあります。その子供の特性を理解し、簡潔で分かりやすくしたり、イラストなどの視覚的な情報を活用したりしましょう。また、子供に見通しをもたせるために、時間割表などで予定を知らせたり、急な変更をできるだけ少なくしたりしましょう。

❸ ADHD の特性や支援例

　注意を持続させるための注意力の弱さ、身体や姿勢を保持しにくい多動性、我先に発言した

り，友達にちょっかいを出したりする衝動性を特性とします。

　集中することが苦手な子供には，教室の前面や座席周辺の環境をすっきりさせ，目にいろいろな刺激が入らないようにしましょう。声をかけやすいように，教師の近くの座席にすることもあります。多動性が認められる子供には，動作の伴う活動を取り入れたり，プリント配りや黒板消し係として動く機会を与えたりします。また，目標時間の学習を継続させることができたら，シールを貼って認めていく方法等もあります。衝動性が認められる子供に対しては，安全面での配慮が第一です。その上で，不適切な行動を頭ごなしに叱責するのではなく，子供がどうして，そのような行動をしたのか話を聞き，共感をしながら振り返らせましょう。そして，落ち着いた後に，どのような行動をとったらよかったのかを指導しましょう。

❹ 二次障がいを起こさないために

　「どうして自分が注意を受けるのか」「なぜ自分には授業が分からないのか」といった状況が続くと，自分を責め自信を失いがちになります。子供の自尊心を大切にしたり，自信をもたせたりするような指導・支援を考えましょう。学級の中で，認められる場面を積み重ねていき自分のよさを実感し，自己肯定感を高めることができるような支援をめざしましょう。

Q99　発達障がいが疑われる子供の保護者への対応はどうすればよいですか？

❶ 決めつけや即答は避ける

　学校生活において，発達障がいの疑いがあると思っても，個人的な判断で保護者に障がいの有無等について話さないようにしましょう。発達障がいの診断ができるのは，医師だけです。子供のよさも伝えながら，子供の姿で語りましょう。

❷ 1人で悩まず，チームで支援

　まずは，特別支援教育コーディネーターや学年主任，養護教諭など，周りの先生に相談するようにしましょう。また，校内支援委員会で事例を取り上げるようにしましょう。担任が1人で問題を抱え込まず，チームで支援することが大切です。

❸ 保護者の思いに寄り添った対応

　保護者の中には，子供の問題に「気付きたくない」とか，学校とは「話し合いたくない」と思っている方もいます。「学級では困っています」「専門機関に行ってください」という教師の一方通行の言葉に保護者が不信感をもつこともあります。このような場合は，丁寧に保護者の言葉に耳を傾け，共感する姿勢が大切です。保護者会などでは，「こういう面が芽生えてきている」「こんなに変わってきている」「こういう支援をしたら意欲的に取り組めてきている」など，できるようになってきたことを見つけて伝えましょう。保護者自身も我が子とともに歩んでいく勇気をもらいたいと思っています。保護者とともに支援しようとする教師の姿勢が重要です。

Q100 特別支援学級と通級指導教室の違いは何ですか?

特別支援学級は，障がいがあるため，通常の学級では適切な教育を受けることが困難な児童生徒のために，特別に編成された少人数の学級です。特別支援学級に籍を置き，生活をします。子供の実態に応じて「特別の教育課程」を組み，独自のカリキュラムで学習を行います。

通級指導教室は，通常の学級に在籍しながら，その障がいに応じて，「自立活動」を中心に行います。

Q101 特別支援学級と通常の学級が交流をする際の配慮事項は何ですか?

❶ 教職員間での連携

特別支援学級と通常の学級が交流を行う際に大切にしたいことは，一方的な関わり方になることなく，お互いの学級の子供にとって，有意義な活動になることです。特別支援学級の子供の実態や交流のねらい，内容などを事前に話し合いましょう。

❷ 子供たちへの事前指導

交流の場面では，何でも手伝うことがよいことであると考えている通常の学級の子供たちがいます。「この子供ができることは，できるまで待つ」「できないことは，支援する」など，関わり方の基本的なことがらを事前に話しておきましょう。また，教師の対応を「モデル」（見本）として，子供たちが見ていることも指導者は心得ておきましょう。

Q102 「個別の教育支援計画」とはどのような計画ですか?

「個別の教育支援計画」は，学校と他機関との連携を図るための長期的な視点に立って計画されたものです。障がいのある子供一人一人のニーズや障がい特性を正確に把握し，教育の観点から適切に対応していくという考えのもとに，乳幼児期から学校卒業までを通じて，一貫して的確な支援を行うことを目的としてつくられます。障がいのある子供に対して，一貫して的確な支援を行うために，教育だけでなく，福祉，医療，労働などの様々な関係機関との連携や協力ができるように活用することも目的としています。

Q103 「個別の指導計画」とはどのような計画ですか?

「個別の指導計画」は，障がいのある子供への指導を行うためのきめ細かい計画を明記したものです。子供一人一人の教育的ニーズに対応して，指導目標や指導内容・方法を盛り込んだ指導の計画です。学期，学年ごとに作成され，これに基づいて指導が行われます。学期，学年末には，指導目標に対して，どこまで達成できたのかを評価し，必要であれば指導内容や方法を再検討します。

Q104 ▶ 外国籍の児童生徒を取り巻く現状はどうなっていますか？

　働き手不足を解消するために，日本では外国人労働者の受け入れが年々増加しています。それに伴い外国籍の児童生徒が増え，日本語指導が必要になってきています。全国的にも愛知県は突出して人数の多い地域となっています。今までは，地域によって指導や支援体制にばらつきが見られましたが，平成26年に学校教育法施行規則が一部改正となり，日本語指導が必要な児童生徒に対して，その日本語の能力に応じた特別の指導を行う場合には，「特別の教育課程」を編成し，実施することができると定められ，日本語教育が教育課程に位置付けされました。

Q105 ▶ 外国籍の児童生徒に日本語を教える制度とは何ですか？

　どの外国籍の児童生徒についても日本語で学校生活を営み，学習に取り組めることを目指します。そのために，それらの子供に対してアセスメント（DLA検査など）を行います。その結果を踏まえ，適切な指導をするために「特別な教育課程」編成を行います。指導者は日本語指導担当教員（教員免許を有する教員）及び指導補助者とし，年間10単位時間から280単位時間まで行うことができます。その際，「個別の指導計画」を作成して学校設置者に提出します。

Q106 ▶ 個別の指導計画とは何ですか？

　岡崎市では独自に「個別の指導計画」を作成し，取り組んでいます。「個別の指導計画」には様式1と様式2があり，様式1は児童生徒に関する記録を順次書き加えます。様式2は指導に関する記録を年度ごとに書いています。

日本語指導プログラム	1学期	2学期	3学期
①サバイバル日本語			
②日本語基礎	○	○	○
③技能別日本語		○	○
④日本語と教科の統合学習			
⑤教科の補充			

学期毎の指導計画		【評価】◎十分達成　　あと

技能	1学期	評価	2学期	評価
話す聴く	挨拶や体調を伝える言葉を知って使えるようにする	◎	挨拶や体調を伝える言葉を自分から話すことができる	◎
話す	2〜3音節で構成された日常で使う言葉を，指導者と一緒に言うことができる	◎	2〜3音節で構成された日常で使う言葉を，意味を理解して使うことができる	◎
読む書く	日本語で書かれた自分の名前を識別したり書いたりすることができる		ひらがなを1文字ずつ読んだり書いたりすることができる	○
話す				

画像（個別の指導計画 記入例）

記入例　平成31年度　　個別の指導計画

	校長	担任	担当

様式2（指導に関する記録）

学年	小	週の指導時間		指導者・指導補助者
児童生徒氏名	来日直後の小学校2年生を想定	取り出し	時間	指導者
		取り出し以外	時間	指導補助者

日本語の力	教師や友達が「おはよう」「こんにちは」など挨拶をいうと，同じように言うことができる。「○○へ行く」「○○を持ってくる」という指示はゼスチャー付きだと理解し，行動できる。トイレに行きたくなると，「トイレ」ということができる。	DLA（JSL対話型アセスメント）	
		話す	
		読む	
		書く	
		聴く	

指導目標	おなかが痛いことや自分の要求を伝えることができるようにする。挨拶を自分から言えるようにする。日常で使う言葉の発音や表記を覚え使えるようにする。

特別な教育課程による日本語指導計画	日本語指導プログラム	1学期	2学期	3学期	その他	指導場所
	①サバイバル日本語				入り込み等の指導について書く。	学習室
	②日本語基礎	○	○	○		
	③技能別日本語		○	○		
	④日本語と教科の統合学習					
	⑤教科の補充					

	学期毎の指導計画		【評価】◎十分達成　　○あと少し　　△手だて計画の再検討				
技能	1学期	評価	2学期	評価	3学期	評価
話す聴く	挨拶や体調を伝える言葉を知って使えるようにする		挨拶や体調を伝える言葉を自分から話すことができる			
話す	2〜3音節で構成された日常で使う言葉を，指導者と一緒に言うことができる		2〜3音節で構成された日常で使う言葉を，意味を理解して使うことができる		2〜3音節で構成された日常で使う言葉を，意味を理解して自分から使うことができる	○
読む書く	日本語で書かれた自分の名前を識別したり書いたりすることができる		ひらがなを1文字ずつ読んだり書いたりすることができる	○	ひらがなで書かれた少ない音節の語を読んだり書いたりできる	◎
話す					覚えた名詞と動詞・形容詞を使って2語文を話すことができる	○

実施した指導時間数	取り出し	12　時間	取り出し	10　時間	取り出し	6　時間
	取り出し以外	8　時間	取り出し以外	10　時間	取り出し以外	8　時間

指導上の配慮事項・取り出し以外の授業の様子等	①個別の発音練習では，はっきりと発音できるようになってきている。②あいさつや返事も，しっかり言うことができるようになった。③ひらがなだけであれば，すらすらと読んだり書いたりできるようになった。カタカナもおおよそ，理解している。

作成者		作成日・更新日	17					
◇◇　◇◇◇◇		30　年	4　月	6　日	30　年	7　月	25　日
		30　年	12　月	20　日	31　年	3　月	15　日

Q107 DLA（JSL 対話型アセスメント）とは何ですか？

　児童生徒と測定者が日本語による対話形式で，日本語がどの程度習得できているかを図る検査方法です。日常会話はある程度できるが，教科学習に困難を感じている児童生徒が対象となります。会話の流暢度や「読む」「聞く」「話す」「書く」それぞれの分野での習熟度を測り，どのような学習をしていくのが効果的なのかを見定めていきます。DLA 検査には，「はじめの一歩」「DLA（話す）・（読む）・（書く）・（聴く）」の検査があります。語彙カードなどを用いて日本語の習熟度を測ります。測定者は楽しい雰囲気を維持し，ありのままを受け入れ，共感し，褒めて終わることが大切です。決して能力検査ではありません。

Q108 日本語教室では具体的にどのような指導をしていきますか？

　DLA 検査の結果に基づいて，その子なりの指導計画を立てていきます。様々な指導方法が考え出されており，サバイバル日本語，日本語基礎，技能別日本語などの日本語指導プログラムを用いていきます。本人の語学力など実態に応じて適切な指導プログラムを使います。また，このプログラムに沿って基本的には日本語指導担当教員が授業を行いますが，母国語を話すことのできる語学相談員の協力のもと，一緒に授業を進めていくことも大切です。

導入	第Ⅰ期	第Ⅱ期	第Ⅲ期
準備　日本語教室の説明　日本語力・母語力・（計算力）の把握　時間割の作成　指導個票（個別の指導計画）作成	□目標　学校生活を送る上で，最低限の意思疎通ができる日本語を習得する。 ○生活面 ・自己紹介（名前，年齢等） ・挨拶等のサバイバル日本語 ・授業で使用する指示語 ○授業面 ・ひらがなの読み書き ・名前の読み書き ・数字の読み書き	□目標　学校生活をスムーズに送るための日本語を習得する。 ○生活面 ・自己紹介（名前，好き嫌い等） ・学級生活で使用する言葉 ・時間（割）や曜日を表す言葉 ○授業面 ・学級環境の教材化 ・カタカナの読み書き ・ひらがな，カタカナの絵本読み	□目標　日常生活や授業・行事等で必要な日本語を習得する。 ○生活面 ・学校生活，行事で使用する言葉や文 ・日常生活で使用する言葉や文 ○授業面 ・学校環境の教材化 ・小学１・２年生の漢字の読み書き ・短い日記書き

日本語初期指導の全体計画

Q109 日本語初期指導教室（プレクラス）とは何ですか？

　岡崎市では，来日したばかりで，日本語が分からない，日本の学校のことを知らない中学生を対象に，令和元年５月より「日本語初期指導教室（プレクラス）」を開設しています。令和元年度はそれぞれ地域の学校に在籍しながら初期指導教室に３か月（月曜日から木曜日，金曜日は在籍校に通学）通い，集中的に日本語を勉強することで，円滑に学校に適応できるようにしています。岡崎市立南中学校の校舎の一部を使いプレクラスを実施しています。学校生活に最低限必要な日本語，日常会話やひらがな，カタカナ，漢字などの読み書き，簡単な数学について学習します。上記のような時間割（例）で学習を進めています。

Q110 学校図書館とはどのような設備をいいますか？

「学校図書館法」の第2条（定義）には，以下のように記されています。

> 　図書，視覚聴覚教育の資料その他学校教育に必要な資料（以下「図書館資料」という。）を収集し，整理し，及び保存し，これを児童又は生徒及び教員の利用に供することによって，学校の教育課程の展開に寄与するとともに，児童又は生徒の健全な教養を育成することを目的として設けられる学校の設備をいう。

　したがって，学校図書館は，読書センターとして子供たちや教師に図書資料を提供し，読書習慣の形成に寄与するだけでなく，学習・情報センターとして子供たちの興味を喚起し，自ら学ぶ意欲を高める学習の場としての環境を整え，学習に必要な情報の収集，提供を行うとともに情報活用能力を育成する場です。

Q111 図書の背表紙の「ラベル」の意味は何ですか？

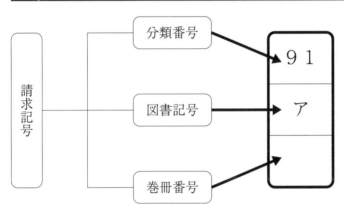

　本の背表紙には数字が書かれた「ラベル」が貼ってあります。ラベルに書かれている数字や記号をまとめて「請求記号」といいます。「分類番号」とは，本の内容を示しています。例えば，左のラベルでは，「9」は文学を表しています。「9」の右の「1」は「日本」を表します。したがって，「91」は，日本の文学であることを示しています。このように，「分類番号」を本に与えるとき，日本では，「日本十進分類法」に基づいて行われます。

日本十進分類法	
0　総　記	5　工学工業
1　哲学宗教	6　産　業
2　歴史地理	7　芸　術
3　社会科学	8　語　学
4　自然科学	9　文　学

　本を図書室に並べるとき「分類番号」を基にしますが，日本の文学はたくさんあるので，さらに，細かく分類する必要が出てきます。そこで必要になってくるのが「図書記号」です。一般には，著者名の頭文字を一文字とって片仮名で一字書きとします。なお，伝記の場合は，著者名ではなく，被伝者の頭文字をとるのが普通となっています。「巻冊番号」は，特別な場合以外は省略することが普通です。

Q112 読み聞かせやブックトークの留意点は何ですか？

❶ 読み聞かせ

　読み聞かせでは，話の内容に即した声や表情で読むことは大切なことですが，声色や身振り，手振りなど感情過多の表現にならないように，素朴にゆっくり読むことが第一条件となります。聞き手である子供たちの表情やつぶやきなどの反応を十分に確かめながら，子供たちの心に合わせて読み進めることが必要です。この場合の基本的な留意点を挙げてみます。

・後ろの席の子供まで視線をもっていくようにする。

・教師の座る椅子は，あまり高くないものにする。

・本は胸の横の辺りで，読み手から徐々に遠ざかるように持つ。

・絵本の場合は，本をやや下向きにして，絵も読ませる。

・歌の場面では，即興的に口ずさんで歌うようにする。

・難語句は，質問のないかぎり途中で説明しないようにする。

❷ ブックトーク

　特定のテーマに関する優れた複数の図書を様々な技法を生かして順序よく紹介し，それらの図書の利用を促進することを目的としています。手順については，次のとおりです。

〈1〉テーマを選ぶ

　子供たちの発達段階や興味・関心などを考慮し，テーマを選びます。例えば，子供たちの間で宇宙への関心が高まっていれば，「宇宙のふしぎ」といったテーマにします。

〈2〉図書を選ぶ

○いろいろな分野（文学作品，科学読み物など）から，数冊図書をそろえます。

○易しい内容のものから，難しい内容のものまで，幅広く用意します。

〈3〉実施にあたって

○メインとなる本を一冊決めて，その本を核に軽重をつけて紹介をします。

○次の本へ紹介が移るとき，何の関連もなく「次の本は」というように，細切れに紹介するのではなく，次の本への連続性を考えたシナリオをつくります。

○紹介の中で，必ず，書誌的事項（書名・著者名・出版社）と本の所在を知らせます。

○低学年では，ペープサートやパネルシアター，ぬいぐるみなどの小道具を使ったり，実物や模型などを見せたりすると効果的です。高学年では，作者や作品の背景，作られた年代，書評なども盛り込むと充実したものになります。

○聞き手の参加を促すために，話の途中で子供からの発言を取り上げたり，予想させたりすると，さらに楽しい紹介になります。

○ブックトークが終わったら，すぐに本を選ぶことができるように人数分以上の本を準備し，各自で読む時間をとります。

Q113 本に親しむ子供を育てる手だてには何がありますか？

❶ エプロンシアター

演じ手の着ている胸あて式のエプロンを舞台にした人形劇です。エプロンにマジックテープを縫い付け，布で作った人形や背景を貼り付けながら，お話や歌遊びをします。読み聞かせの導入で本に興味をもたせるために演じると効果的で，子供たちを本の世界へと誘います。

❷ パネルシアター

毛羽立ちのいいフランネルなどの布を張ったパネル板が舞台です。その上で動かす人形は，Pペーパー（パネルシアター専用の不織布）に描いた登場人物や背景を切り取ったものです。Pペーパーは，フランネルの布にくっつくようにできているので，舞台に貼ったり剥がしたりしながら，お話を進めていきます。

❸ アニマシオン

子供の読む力を引き出すことを目的に，スペインで開発された読書法です。ゲームを通して，物語の細かなところまで見過ごさず注意深く読むなど，物語を緻密に深く読む活動です。事前に子供たちが該当の本を読んでおくことが前提条件となります。また，読んだことを自分の中で内面化するため，ゲームの最中に黙読する静かな時間を設定します。

❹ ストーリーテリング

アメリカ合衆国の公共図書館の児童奉仕として行われていたものが日本に紹介され，公共図書館を中心に大きな広がりをみせました。語る話を語り手が事前に暗記し，自分のものとしてから，本を見ないで子供たちを見て語ります。抑揚を抑え，身振り手振りも最小限にして，お話自体のおもしろさを味わってもらうようにします。これは，文字の読めない子供でも本格的な読書生活へ無理なく誘うことができる読書の下地を培う手だてです。

❺ 読書ゆうびん

自分が薦める本をはがきに書きます。読んだときの気持ちを，伝えたい人に向けて，絵と文章で表現して送るのが読書ゆうびんです。本の楽しさを友達と分かち合うことができ，読書の輪が広がります。人に本を薦めるには，本をしっかり読んで，自分の思いを確かめ，その上，はがきというサイズに凝縮していかなければなりません。送る側は深い読みを体験し，受け取った人には，すばらしい本との出会いと感動が届く，世界に１枚のはがきとなります。

❻ ビブリオバトル

お気に入りの本を紹介し合うゲームです。自分が読んでおもしろいと思った本を，順番に１人５分間で紹介します。それぞれの発表後に参加者全員で，その発表に関するディスカッションを２～３分行います。最後に，どの本が一番読みたくなったかを基準に１人１票を投じ，最多票を集めたものを「チャンプ本」とします。紹介する時間を３分で行うこともあります。「本を通して人を知る　人を通して本を知る」ことができると言われています。

Q114 学校保健とは何ですか？

❶ 意義と役割

学校保健とは，文部科学省設置法第四条の十二に「学校における保健教育及び保健管理をいう」と示されています。保健教育と保健管理を行うことで，児童生徒及び教職員の健康の保持増進を図り，教育の成果を確かなものにしていく活動です。学校全体で取り組む必要があります。

❷ 保健教育

学校における健康教育は，子供たちが健康の価値を認識し，課題を見つけ，主体的に考え，よりよい課題解決へと向かう学習課程です。この学習課程は，体育科等の関連する教科，特別活動の学級活動，総合的な学習の時間などで行われます。

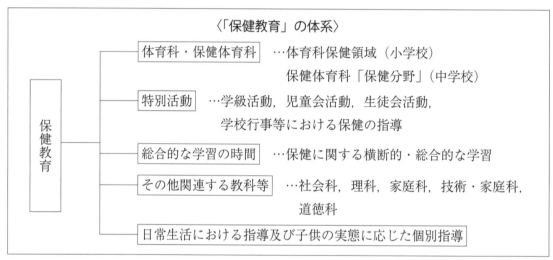

〈「保健教育」の体系〉

保健教育
- 体育科・保健体育科 …体育科保健領域（小学校）
  保健体育科「保健分野」（中学校）
- 特別活動 …学級活動，児童会活動，生徒会活動，学校行事等における保健の指導
- 総合的な学習の時間 …保健に関する横断的・総合的な学習
- その他関連する教科等 …社会科，理科，家庭科，技術・家庭科，道徳科
- 日常生活における指導及び子供の実態に応じた個別指導

❸ 保健管理

学校は，発達の過程にある子供の学習や生活の場として，心身の健康の保持・増進とともに学校教育の成果が保障されなければなりません。このため，学校においては，「対人管理」「対物管理」からなる「保健管理」が大切です。学校保健計画や学校安全計画に位置付け，学級担任をはじめ担当者が責任をもって実施します。

対人管理	心身の管理	・健康観察　・健康診断の実施と事後措置 ・健康相談　・疾病予防　・救急処置　等
	生活の管理	・健康生活の実践状況の把握と規正 ・休憩時間中の遊びや運動　等
対物管理		・学校環境の衛生的管理　・学校環境衛生検査 ・施設設備の衛生管理　　（定期・日常） ・校舎内外の美化　・学校環境の緑化　等

Q115 学校で予防すべき感染症は何ですか?

　学校においては，感染症の発生により集団的に感染・発病する危険性が高いので，学校保健安全法により，学校がとるべき予防法の措置が定められています。万一，該当の感染症に感染した子供は，学校保健安全法施行規則第十九条の定めによる期間，出席停止となります。

❶ 学校において予防すべき感染症の種類（2020年2月現在）

第一種	エボラ出血熱，クリミア・コンゴ出血熱，痘そう，南米出血熱，ペスト，マールブルグ病，ラッサ熱，急性灰白髄炎，ジフテリア，重症急性呼吸器症候群・中東呼吸器症候群（病原体がベータコロナウイルス属SARSコロナウイルスであるものに限る），特定鳥インフルエンザ（病原体が鳥インフルエンザA（H5N1）ウイルスまたは鳥インフルエンザA（H7N9）ウイルス）
第二種	インフルエンザ，百日咳，麻しん，流行性耳下腺炎，風しん，水痘，咽頭結膜熱，結核，髄膜炎菌性髄膜炎
第三種	コレラ，細菌性赤痢，腸管出血性大腸菌感染症，腸チフス，パラチフス，流行性角結膜炎，急性出血性結膜炎，その他の感染症

＊「新型インフルエンザ等感染症」「新型コロナウイルス感染症」「指定感染症及び新感染症」は，前項の規定に関わらず第一種感染症とみなされます（感染症の予防及び感染症の患者に対する医療に関する法律第六条参照）。

❷ 感染症予防のポイント

　学校における感染症予防のための配慮事項や具体的な活動は以下のとおりです。

〈1〉健康観察の充実（早期発見）

〈2〉学校環境衛生管理における配慮（教室の換気，手洗い場の衛生など）

〈3〉予防接種への協力（該当学年の児童生徒及び保護者への勧奨）

〈4〉保健教育での配慮（感染症予防に対する知識・態度の育成）

Q116 学校における保健室の役割は何ですか?

　保健室は，健康診断，健康相談，救急処置等を行う場所として，学校保健活動のセンター的役割を果たしています。いじめ，不登校，アレルギー疾患をはじめ，近年，子供たちの健康課題が多様化する中で保健室への期待も高まっています。担任は，養護教諭と連携し，子供のニーズに照らして適切な利用方法を指導するようにします。

〈保健室の主な役割〉

〈1〉健康診断，発育測定などを行う場としての機能

〈2〉個人及び集団の健康課題を把握する場としての機能

〈3〉健康情報センター的機能

〈4〉健康教育推進のための調査及び資料等の活用・保管の場としての機能

〈5〉疾病や感染症の予防と管理を行う場としての機能

〈6〉子供が委員会活動等を行う場としての機能

〈7〉 心身の健康に問題のある子供などの保健指導，健康相談，健康相談活動を行う場としての機能

〈8〉 けがや病気などの子供への救急処置や休養の場としての機能

〈9〉 組織活動のセンター的機能

Q117 健康観察ではどのようなことに注意したらよいですか？

❶ 健康観察の意義

　健康観察は，子供たちが心身ともに健康な状態で，充実した学校生活が送れるように健康状態を把握するもので，すべての教育活動を通して常に行うものです。健康観察は，担任及び教科担任が実施し，記録に残すことが大切です。この記録から，必要に応じて養護教諭が専門的な健康相談活動を行うこともあります。継続的な観察と記録を集積することで，健康相談等に生かすことができます。また，いじめや不登校，虐待などの早期発見にも役立ちます。

❷ 健康観察の留意点

〈1〉 朝の健康観察は1日の教育活動の始めであり，朝の会などを利用して定期的に行います。できるだけ，一人一人の顔を見て，声を聴き行うことが望まれます。心の状態や背景を把握しようとする姿勢が大切です。特に，休日明けはきめ細かに実施しましょう。

〈2〉 授業中，運動時（体育の時間・休憩時間），歩行時（登校・教室移動），給食時（食べ方・残食），下校時（部活動への参加の有無）その他行事など随時観察を行います。

〈3〉 日常の子供たちの学習活動における心身の状態や個人差を考慮することが大切です。

〈健康観察上の主な視点〉		
・元気がない	・皮膚に発しんがある	・吐き気がある
・落ち着きがない	・あざがある	・目をぱちぱちする
・あくびをする	・咳をしている	・無理に明るく振る舞う
・顔色が悪い，赤い	・だるい	・教師と目を合わせない
・目が赤い	・胸が痛い，苦しい	など

❸ 児童生徒の自己管理能力の育成

〈1〉 自分自身で，変調に気付くことができる。

　・ふだんから，自分の体の調子を意識し，不調の際には早期に申し出る。

　・症状を具体的に説明できる（いつから，どこが，どのように痛いか）。

〈2〉 過去の経験と比較して，対処方法を考えることができる。

　・平熱を知っておく。　・初めての症状か，度々経験する症状か考える。

〈3〉 不調の原因や予防を考えることができる。

　・規則正しい生活を送る。　　・心と体の関連を理解する。

❶ 生徒指導の意義

すべての子供それぞれの<u>人格のよりよい発達を目指す</u>とともに，学校生活が生徒一人一人にとっても，また学級，学年，さらに学校全体といった集団にとっても，有意義かつ興味深く充実したものになるようにすることを目指します。また生徒指導は全ての子供を対象とした教師の総合的活動です。

❷ 生徒指導のねらいと３つの機能

生徒指導のねらいは，一人一人の子供の人格を尊重し，個性の伸長を図るとともに，社会の一員としての資質や能力・態度を育成し，生涯にわたって社会的に自己実現できるようにするための指導・支援を行います。ねらいに迫るには，３つの機能である「共感的理解」「自己決定の尊重」「自己存在感」を，日々の生活の場で生かしていくことが重要です。

〈1〉 共感的理解について

共感的理解とは，教師と子供，子供同士のよりよい人間関係を育むための基本となるものです。具体的に以下のことに注意します。

ア 子供の話を聞くときは，肯定的に受け止めるために，子供の目線で心の声を聞くように心がけ，正面に座らず，子供の横か斜め前に座って聞きます。

イ 生活ノート（生活記録）は担任と子供をつなぐ大切なパイプです。本音で語り合えるような「心の対話」となるように，子供が書いてきた内容を真摯に受け止め，朱書きを入れます。

ウ 「この子はこういう子だ」と決めつけず，子供を多面的に捉えることが大切です。

エ 子供がしてはいけない行動をとったとき，きぜんとした態度で注意することが大切です。ただし指導する場合は，頭ごなしに叱るのではなく，「どうして？」という切りだしから，真意を語るような雰囲気をつくります。子供の人格を否定するような言葉は厳禁です。

〈2〉 自己決定の尊重について

子供が自らやろうとする意欲を引き出すことが大切で，生徒指導の目標の１つでもある「自己指導能力」の育成につながります。そのために学校教育などのあらゆる場面で，自己決定の場を設定していきます。具体的には以下のことに注意します。

ア 学級活動や学校行事，学年行事等は自己決定を促すよい場であり，絶好の機会です。子供が自ら決めた事柄に対し，その責任を果たしたときには褒めます。

イ 子供が「やらされている」という思いでは教育効果は上がりません。課せられた仕事であっても子供の努めている姿を認め，「できた」という自信をもたせます。

〈3〉 自己存在感（自己肯定感）について

学級などにおいて子供が所属意識を高めることは，いじめを含め，あらゆる問題の未然防止の点で大切です。子供が「自分はこの集団において役に立っている」「自分は大切にされてい

る」と感じるようにしていきます。そのためには，具体的に以下のことに留意します。

ア　ささいなことにも教師から，「ありがとう」「助かるよ」など感謝の声かけをします。

イ　帰りの会で，「今日いちばん輝いていた人」「こんないいところ見つけた」など，子供の声でがんばっている友達を称賛する場を積極的に設定します。

ウ　子供の評価を「行動」や「成果（結果）」だけで行っていることがあります。そのことについて称賛することも大切ですが，その子供がいるという「存在」を大切にします。

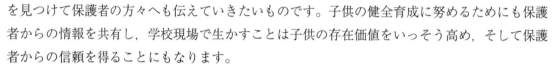

　これら3つの機能は，家庭においても大切な捉え方です。機会を見つけて保護者の方々へも伝えていきたいものです。子供の健全育成に努めるためにも保護者からの情報を共有し，学校現場で生かすことは子供の存在価値をいっそう高め，そして保護者からの信頼を得ることにもなります。

Q119▶ 生徒指導を積極的に行う際のポイントは何ですか？

　問題が発生した場合，対処療法的に事後指導に追われることになりかねません。そうならないために，日頃から積極的な生徒指導を心がけることが大切です。以下がそのポイントです。

❶ 足で稼ぐ生徒指導

　問題が発生した場合，すぐに現場に駆けつけ，状況を把握します。また気になる子供の家庭には，日ごろから家庭訪問などを通して，保護者の信頼を得ることが大切です。

❷ 分かる・楽しい授業づくり

　分かりやすく楽しい授業をつくりましょう。授業の始まる前に学級に行き，開始時刻とともに授業を始めます。子供を中心に考え，活動場面のある授業を目指した学習課題の明示を含め，重要なポイントや子供の考えを流れの中に反映しながら見やすい板書計画を立てます。グループで発表し合い，教え合う場面を設定し，発言の機会を増やしたり，引っ込み思案の子供への配慮をしたりする工夫も大切です。

❸ 温かい学級づくり

　学級経営は4月が勝負です。特に中学校では1年生の1学期が大切です。この時期にしっかりとした習慣付けをしていきます。「中1ギャップ」と言われる現象が出るのもこの時期です。生活アンケートや教育相談を通して，子供の不安感を取り除いていく配慮も大切です。

❹ 保護者との連携

　問題が起きてから保護者に連絡する場合，その子供をこれからよくしていく方向で協力をお願いするスタンスが大切です。家庭訪問する際には，上司とともに出向きたいものです。

Q120 生徒指導で具体的に配慮すべき点は何ですか？

私たちは「危機管理」意識をもつことが大切です。危機管理には以下の３点があります。

未然管理……危機を予見して回避するための努力	
最小管理……事件発生した場合に被害を最小限にするための努力	
転化管理……危機をプラスに変えるための努力	

特に生徒指導では未然管理に努めていかなければなりません。大切な子供たちを預かっている責任があることを自覚します。生徒指導では３つのワークを大切にしています。校内外で起きた事件・事故について**フットワーク**よく現場に出かけ情報収集・対応に努めます。そして，学年主任，学年生活担当者を中心に学年の**チームワーク**をもって対処します。役職者，生徒指導主事との**ネットワーク**を確実に行い，学校体制で当たります。

❶ 怠学傾向（遊び非行型・活動型不登校）にある子供の把握

怠学傾向にある子供がいつ，どこで，何をしているのか分かる教師になれるように努めます。担任の先生だけに任せるのではなく，役職者・生活担当者・学年主任との協力体制で子供を見守っていきます。

❷ いじめ（生活）アンケートや教育相談の実施

いじめはどこにでもあるという認識をもって対応できる教師，そして目に見えないいじめを発見できる教師になれるように努めます。また，誰かに見られているという認識を子供たちにもたせる指導も大切です。早期発見や心のケアを行うためにも定期的な生活アンケートや教育相談の位置付けを行います。

ハインリッヒの法則から考えると「からかい・冷やかし」を減らすことが，いじめの拡大を防ぐことになります。

〈ハインリッヒの法則〉

アメリカの技師，ハインリッヒが提唱した法則で労働災害の事例を統計学的に分析。

1	重大ないじめ
29	軽微ないじめ
300	からかい・冷やかし

❸ 安全指導の徹底

危険な場所や状況を事前に把握し，子供に指導できる教師になれるように努めます。子供の心身に傷害をもたらすものとして，一番多いのが交通事故です。小学校では安全教室での交通ルールや自転車の乗り方指導を含め，子供たちが遊びに使っている道具（遊具）も含めた安全指導も心がけます。不審者・変質者への対応として，防犯ホイッスルや防犯ブザーの携行や「こども110番の家」「チョキちゃん110番」に逃げ込むことなど，子供自身が身を守る術を伝えていきます。

Q121 へき地・小規模校で指導するときの留意点は何ですか？

　へき地・小規模校で指導する場合は，きめ細かな指導ができること，豊かな自然環境や伝統文化に恵まれていること，家庭や地域が協力的であることなどのプラス面の特性を生かし，学習形態等を工夫して，子供を鍛え育てる指導を心がけることが大切です。

❶ 自ら学ぶ態度を育てる

　少人数を生かした学習活動を進めることで，自ら学ぶ意欲や態度を育てることが必要です。そのためには，子供自身が課題を見つけ，主体的に課題解決することを通して，子供に学ぶ喜びや楽しさを味わわせることが大切です。また，地域素材を教材化したり，地域の人々から学ぶ機会を設定したりするなど，子供の興味や関心を喚起する授業改善にも努めましょう。少人数では，個に応じた指導がしやすい反面，教師が子供に関わりすぎ，子供が自らの力で伸びようとする芽をつんでしまう恐れもあります。そこで，「個人カルテ」などの記録を積み重ね，子供の実態（興味・関心の違い，学習速度の違い等）を把握し指導に生かしましょう。また，全職員が様々な視点から子供たちを捉え，その情報を職員間で交換することも必要です。

❷ 個を生かし，関わりのある学習に努める

　個を生かすには，個の追究力を高めることが不可欠です。そのためには，「人・もの・こと」との関わりの中で，自分の考えを見直したり深めたりしながら追究意欲を高めることが必要です。集合学習や地域の人材の登用などで「人」と，地域の素材や伝統文化などの体験で「もの・こと」との関わりをもたせましょう。こうした学習を通して，自分の学びの価値を自覚させましょう。さらに，子供が自分自身の成長を自覚するために振り返りの場（学習記録）を位置付けましょう。成長を自覚させることで，自分に自信がもてるようになり，学習意欲が高まります。加えて，書くことで表現力を養うこともできます。授業の最後だけでなく，単元の途中にも設定すると効果的です。

❸ 豊かな自然環境を教材化したり，体験活動に生かしたりする

　豊かな自然に恵まれている学校では，子供たちに自然とのふれ合いを体験させることで，感性や心情を育み，自然環境をより深く正しく認識させることができます。しかし，こうした地域の子供たちであっても，自然に対する関わり自体が減っているため，体験に基づいた気付きの芽が十分育っていません。そこで，子供の知的な気付き（子供が自らの思いや願いをもった活動や体験を通して，実感を伴って得た気付き）が生まれるように支援しましょう。

❹ 学校と家庭や地域社会との連携を図る

　地域が協力的であるため，地域の人々の協力による「ふるさと学習」など，地域の自然や文化，伝統などを積極的に活用した学習を展開することができます。こうした学習を進めること

で，子供たちの地域に対する理解を深め，地域を愛し発展を願う心や地域へ貢献しようとする行動力を育てましょう。こうした取組は，地域の人々の学校教育への関心を高め，地域をあげて教育に関わるという地域の教育力を高めることにもつながります。

❺ 学校や学級の枠を超えた学習を行う

　小規模校では，集団活動の中で互いに磨き合う場面が乏しく，社会性が育ちにくい傾向があります。そこで，複数の学年（合同学習）や学校同士（集合学習，交流学習）の交流を積極的かつ意図的に進め，より広い視野に立って教育を行うことが求められます。そうすることで，子供が大きな集団の中で自分自身を見つめ直し，温かな人間関係を築く力を伸ばすことができます。さらに，磨き合う経験を繰り返すことで，たくましさを養うこともできます。

Q122　多様な考えを引き出すためにはどうすればよいですか？

　個々の考えを深める手だては大きく分けて２つあります。１つは調べ活動（ひとり調べ）。そして，もう１つは，話し合い活動（関わり合い）です。小規模校で特に重視したいのは，調べ活動です。調べ活動を充実させることで個人の追究力を育て，多様な意見や考えが生まれにくいという小規模校のデメリットを補うことができます。そのためには，個に応じた多様な支援をどれだけ教師が用意できるかがポイントとなります。
具体的な支援としては，資料の準備や事象との出会わせ，朱書きや対話などが考えられます。

　調べ活動は，事実を見つけることと見つけたことについての感想や考え，思いをもつことの２つができて完成です。くれぐれも事実を見つけることだけで終わらせないようにしましょう。国語の場合，「すごい（心に残ったこと）こと見つけ」を場面の中でやることがあり，社会や理科の場合も，その対象から「見つけること」「見つけたことで一番すごい（心に残ったこと）を決めて，そのことをどんなふうに，どのように思ったか」ノートに書かせます。その場合の教師の役割は，「個別指導」です。机間指導しながら，「すごいねぇ」「なるほどねぇ」と励ましたり，認めたりしながら，もう少し書き加えてほしいことについて，「だから……」「それで……」と言葉を添えながら，さらに子供が書こうとする意欲を高めていくようにしましょう。

　また，有効な支援の１つとして朱書きがあります。朱書きには，「認める朱書き」「意味付ける（価値付ける）朱書き」「問い直す朱書き」があります。子供をいかに意欲的にさせ，その子らしい追究をさせることができるかという観点で行います。子供の追究を方向づけてしまうような朱書きは避けましょう。ただし，低学年の子は語彙が少ないので，朱書きだけでなく対話を通して考えや思いを膨らませるようにするとより効果が上がります。

Q123 「自然教室」の立案をする上で留意すべきことは何ですか？

　自然の中での活動は，正しく行わなければ危険が伴います。事前の安全確認や子供への安全指導を十分に行い，万が一の事故に備えた安全管理体制の確認が必要です。

　上記を踏まえ，野外活動では，山や川・海などの学校とは異なった自然環境を生かし，多くの子供たちが感動を味わえる活動を計画しましょう。計画の立案に当たっては，次に記す3点を基本的な考えとして押さえておきましょう。

❶ 積極的に自然の良さを感得させる

　どんな活動にせよ，仲間とともに自然の中で過ごすのです。のびのびと活動させ，思う存分自然のよさを満喫させたいものです。

❷ 目標をしぼり，ゆとりある日程を組む

　自然に溶け込み，自然に働きかける活動には「ゆとり」が必要です。あれもこれもと欲張った計画ではなく，学年の実態を考慮し，ねらいを絞ってプログラミングをすることが大切です。子供たちとともに活動する中で，教師が子供一人一人に語りかけられるぐらいの余裕をもてれば何よりです。

❸ 感動のある体験をさせる

　最近の子供たちが自然のよさを知らないのは，自然といかに接するかを知らないからです。しかし，教師の工夫や演出があれば，より多くの感動を味わわせることが可能になります。集団で作り上げる喜びや非日常的な体験を克服した満足感を，ぜひ多くの子供たちにもち帰らせたいものです。

　以上を立案の基盤として，活動内容の検討をすることが望ましいわけですが，加えて必要な手だてとして，次の3項目を提示します。

---

①必ず現地の下見をする

　利用施設の環境や自然の状態は毎年同じとは限りません。過去に同じ施設へ引率の経験があっても，できる限り引率教員全員で現地の下見を行いたいものです。

②十分な打ち合わせをする

　利用施設の担当者と事前の十分な打ち合わせが大切です。また，晴れるのも自然，雨が降るのも自然です。プログラムにおいては晴天案ばかりでなく，雨天案についてもしっかりと打ち合わせましょう。

③子供たちの意見を反映させる

　プログラムの中に子供たちからの意見を取り入れることも大切です。そのことが子供たちの積極的な活動を引き出す要因ともなるからです。

Q124 ▶「自然教室」での活動はどのようなものが考えられますか?

「自然教室」の活動には，具体的にどのようなものがあるのでしょう。各学校が利用する施設によって取り組むことができる活動は制限を受けるわけですが，おおむね次のような活動が考えられます。

❶ 人間関係育成のための活動

仲間と寝食をともにすることにより，心のつながりを強化することができます。また，友情を確かなものにすることができます。個々の義務と責任を果たすことにより，社会性を養う絶好の場でもあります。

①入退所式・朝夕のつどい・キャンプファイヤー・キャンドルファイヤー・学級ファイヤー・レクリエーション

②食事（炊飯活動を含む）・入浴・清掃

③施設見学・土地の古老訪問・他の団体との交流活動

❷ 地域や自然と文化に親しむ活動

日々の学習を確かめ，より拡充するよい機会でもあります。教科や領域という枠に捉われず，総合的な視点に立って考えなければなりません。

①自然観察（動物・植物・地形・地質・気象）

②天体観測（星座・惑星・月・太陽）

③木・竹・わら細工（焼き板・竹とんぼ・花瓶・ひしゃく・食器・竹笛・竹けん玉・縄ない・わら草履など）

④種細工（ペンダント・ブローチ等）・小枝細工（動物のミニチュア人形等）

⑤ウッドバーニング（電熱ペンで板に絵や文字を焼き付ける）

⑥しおり作り（落ち葉や草花などをパウチフィルムで挟む）

⑦ロープワーク（いろいろな結び方・樹間でのロープワーク）

⑧歴史探索

❸ たくましい心と体を育てる活動

日常生活から考えれば負荷の大きい体験を通して，物のありがたさを再認識することができます。また，オリエンテーリングや奉仕活動など，額に汗する活動を通してより強じんな心身をもつ子供を育成したいものです。

①各種オリエンテーリング・ウォークラリー	⑤カヌー・いかだ作り
②ハイキング	⑥奉仕活動
③落ち葉スキー	⑦その他室内・屋外でのゲームやスポーツ
④フィールドアスレチック	

Q125 部活動の意義は何ですか？

　部活動は教育課程外の活動であるものの，学校教育活動の一環として中学校教育において大きな意義や役割を果たしていることから，その部活動の意義について，学習指導要領に「スポーツや文化及び科学などに親しませ，学習意欲の向上や責任感，連帯感の涵養等に資するものであり（略）」と規定されました。実際，学校の様子を見てみても，様々な文集に，部活動についての思いを書く子供が多くいます。子供にとって，部活動は学校生活になくてはならないものになっているのです。

　その部活動の意義には，以下のようなものがあります。

❶ 目標に向かって努力することの素晴らしさを知る

　運動部にしろ，文化部にしろ，それぞれの部活動には目標があります。その目標に向かって活動を続けます。大会やコンクールでよい成果を得るという目標もあれば，資格の取得を目標とする場合もあるでしょう。大切なことは，その目標に向かって「努力をする」という経験です。またこの経験が，充実感や達成感・成就感を味わうことにつながります。

❷ 生涯を健康に生きる基礎的な体力，技能・技術，特技，精神力を養う

　全くと言っていいほど泳げなかった子供が，毎日の練習に真面目に取り組むことで，人並み以上に速く泳げるようになります。このように運動部でも文化部でも，部活動を通して，子供たちは技能・技術を身に付けることができます。また，「苦しいことから逃げない」精神力を養うことにもつながります。これも部活動の大きな意義の１つです。さらには，運動部に参加することで，健康に生活するために必要な基礎的な体力を身に付けることができ，生涯において楽しむことができるスポーツライフの実現への第一歩となります。

❸ 社会生活のルール，マナーを身に付ける

　社会生活の中で必要な礼儀を学ぶことができます。特に挨拶や言葉遣い，時間を守る姿勢などは，授業を通しても学ぶことはできますが，異学年の子供や教師以外の大人に接する機会もある部活動は，社会生活の基本的なマナーを身に付ける絶好の場です。また，競技を通して，ルールを守ることの大切さも身に付けていきます。

❹ 人間関係の基本を学ぶ

　「部」というチーム，集団として動きますから，協力することの大切さに気付く機会が数多くあります。また，同年齢の仲間だけではなく，「先輩」「後輩」といった上下の関係もあります。年齢を超えた連帯感や信頼関係を育むことができるのも部活動ならではです。教師と子供の関係も学級生活では得られない強い信頼のもと，円滑な人間関係を築くことができます。

Q126 部活動指導の留意点は何ですか？

　部活動は教師と子供との人間関係を高めますが，大前提として，教師が子供から信頼されなければ，部活動指導・運営はうまくいきません。部活動の顧問を任されたとき，自分の経験や特技を生かし，指導することができる場合もあれば，学校の事情によっては，経験したことのない部活動の顧問を任されることもあります。指導ができないと不安に思うこともありますが，子供は「顧問」として教師を見ています。留意すべき点は，以下の通りです。

❶ 子供との約束を守る

　先輩教師の中には，未経験の部活動の顧問になりながら，立派な指導者になった方が多くいます。そのような先輩教師に共通していることは，子供との約束は絶対に守るという姿勢です。遅刻して顧問が練習場所に現れるようでは，子供の信頼は得られません。

　未経験である野球部の顧問になった教師がいました。その教師は，毎日の練習で自分が一番にグランドに立ち，率先して練習の準備をしました。そうした姿を見て，子供たちは顧問を信頼するようになり，すばらしいチームへと育っていきました。

❷ 先輩教師から学ぶ

　顧問は部活動の運営の一切を任されています。子供の健康管理，練習の予定の計画，大会やコンクールの申し込み，備品の管理など，その責任は多岐にわたります。困ったときは，先輩教師に聞きましょう。また，上手に部活動指導をしている先輩教師の顧問としての言動をよく見ることが大切です。指導が的確で，話し方ははきはきしており，子供をよく見ています。また，褒めるタイミングや叱るタイミングも的確で，子供たちを乗せることも上手です。叱った後はフォローも忘れていません。厳しさと優しさのバランスがとれており，ほどよい緊張感のあるチームをつくっています。また，他校の顧問に教えを請うことで，多くのことを学ぶことができます。

❸ 保護者の協力を得る

　顧問として，自分の指導方針を保護者に理解してもらうことが必要です。学校によっては「部活動保護者会」の機会がありますが，「部活動通信」や「練習計画，大会・コンクールの予定」などを発行して，そこに顧問としての考えを載せるとよいでしょう。

　保護者にも不安があります。安心して自分の子供を任せられる顧問であるためには，保護者が不安・不満をもたないような言動をとる必要がありますが，その中で最も留意すべきことは，子供の安全管理に気を配っているかどうかです。

❹ キャプテン・部長を育て，組織力を高める

　部活動においては，キャプテンや部長の存在はとても大きなものです。強いチーム，しっかりしたチームには，リーダー性を発揮し，チームをまとめる子供がいます。リーダーの養成も顧問の大切な仕事です。

Q127 不審者への対応で気を付けることは何ですか？

　学校での不審者対応は大きく２つあります。１つは校内あるいは校舎内への侵入で，もう１つは登下校中におけるものです。そして，こういった危機管理体制において心がけるポイントが３つあります。それは，未然管理・最小管理・転化管理です。

❶ 未然管理

　問題等が起きないように未然に防止することが，最も重要だと認識しなければなりません。不審者対応における未然管理として，万一のときの対応の仕方について子供自身に考えさせることも有効です。

❷ 最小管理

　緊急事態が発生した場合，被害を最小限に抑えることです。そのためには，４月当初に危機管理マニュアルをよく読んで，自分の動きなどを含め，シミュレーションしておくことが大切です。また，各学校で実施される不審者対応訓練を進んで取り組み，「さすまた」や「防護盾」等の正しい使用方法も確認しておきます。ここでは，学校への不審者侵入について，３段階でポイントのみを解説しますが，いずれにおいても**報告・連絡・相談**が重要です。

〈学校への不審者侵入〉

第１段階　退去を求める

　○不審者が校内に立ち入った場合，職員室に連絡し，必ず複数で対応に当たる。

　○身を守るため，相手と一定の距離を保ちながら，退去するよう丁寧に説得する。

第２段階　隔離・通報する

　○子供の避難誘導，安全確保を最優先に行動する。

　○子供が近くにいて，不審者を抑止できない場合，大声・防犯ブザー・火災報知機等を活用し，周囲に知らせるとともに，机や椅子，消火器等あらゆるものを利用して防御する。

第３段階　子供の誘導・救護・引渡し

　○子供を安全な場所へ誘導した後，人員点呼，安全の確認，状況の把握をする。

　○緊急連絡網や学校情報メールで保護者に連絡し，保護者に引き渡す（必ずチェックをする）。

---

❸ 転化管理

　他で起きた事件などを教訓として，自分の学校で起きたらどうするか，教師自身が考えて対応に当たることです。常日頃からアンテナを高くして，情報収集に努めることが大切です。

Q128 幼児期にどのような力を身に付けてくるのですか？

「幼児期の終わりまでに育ってほしい姿」
①健康な心と体
②自立心
③協同性
④道徳性・規範意識の芽生え
⑤社会生活との関わり
⑥思考力の芽生え
⑦自然との関わり・生命尊重
⑧数量や図形，標識や文字などへの関心・感覚
⑨言葉による伝え合い
⑩豊かな感性と表現

幼児期の終わりまでに育ってほしい姿が，左のようにまとめられています。これらは，方向目標であり，全ての子供が到達する姿になっている訳ではありません。しかし，これらの姿を目指し，様々な体験を重ねています。幼児期教育を受けて学校に入学していることを忘れてはいけません。**小学校１年生の教育はゼロからのスタートではありません**。幼児期に学んでいるという認識をもって，子供と関わっていきましょう。

Q129 スタートカリキュラムとは何ですか？

スタートカリキュラムとは，小学校へ入学した子供が，幼稚園・保育園・認定こども園などの遊びや生活を通した学びと育ちを基礎として，主体的に自己を発揮し，新しい学校生活をつくり出していくためのカリキュラムです。全職員で協力し，子供を見守っていきましょう。

〈スタートカリキュラム編成の基本的な考え方〉

❶ 一人一人の子供の姿から編成しよう

入学時の子供の発達や学びには個人差があります。幼稚園教育要領や保育所保育指針を読んだり，園の先生方と情報交換をしたり，要録を読んだりして，**子供理解**に努めましょう。幼児期の学びと育ち，指導の在り方を生かしてスタートカリキュラムを編成しましょう。

❷ 発達段階を踏まえ，時間割や学習活動を工夫しよう

長い時間，じっと椅子に座って学習することが難しく，身体全体を使って学ぶという発達の特徴があります。それらの特徴を踏まえ，**15分や20分程度のモジュール**で時間割を構成したり，活動性のある学習活動を行ったりするよう工夫しましょう。

❸ 生活科を中心に合科的・関連的な指導の充実を図ろう

自分との関わりを通して総合的に学ぶ子供の発達の特性を踏まえ，生活科を中心にカリキュラムマネジメントして，合科的・関連的な指導の充実を図りましょう。子供には，教科の区切りはありません。子供の関心を生かした学びをつくりましょう。

❹ 安心して自ら学べる学習環境を整えよう

子供が安心感をもって，自分の力で学校生活を送れるよう，学習環境を整えましょう。実態を踏まえ，人間関係が広がり，学習のきっかけが生まれる環境づくりを意識しましょう。

ある学校の４月第２週のカリキュラムを例に説明しましょう。

☆今週のねらい【先生や友達と仲よくなる】		
4／○（月）	4／○（火）	4／○（水）
朝の会 💜「なかよくなろう」※ ・手遊び ・お話読んで	💜「なかよくなろう」※ ・手遊び ・お話読んで	💜「なかよくなろう」※ ・手遊び ・お話読んで ・お話聞いて ・歌って踊ろう
1 ・お話聞いて ・歌って踊ろう	・お話聞いて ・歌って踊ろう	「がっこうだいすき」 生活・国語・体育 ・運動場探検に行こう
2 👫「がっこうだいすき」 生活・国語・図画工作 ・学校探検に行こう	👫「がっこうだいすき」 生活・国語・音楽 ・学校探検に行こう	・見つけた話をしよう ・遊具で遊ぼう
3 ・学校の「はてなやびっくり」 を見つけよう ・挨拶をしよう ・見つけたお気に入りの絵を描こう	・学校の「はてなやびっくり」 を見つけよう ・見つけた話をしよう ・音楽室で，みんなで歌おう	📖 「お話読んで」国語 「いくつかな」算数

💜…一人一人が安心感をもち，新しい人間関係を築いていくことをねらいとした学習（※授業時間以外の教育活動）

👫…合科的・関連的な指導による生活科を中心とした学習

📖…教科等を中心とした学習

❶ 週のねらいを設定

☆の部分のように，週のねらいを設定します。身近な友達や先生との関わりから，集団づくりへ，教室から学校全体へと徐々にステップアップしていきましょう。

❷ 子供の生活リズムに合わせた時間設定

💜のように朝の会から１時間目にかけて幼児期に親しんできた遊びや活動を取り入れたり，仲よく交流する活動を取り入れたりすることで，気持ちよく１日の学校生活を始められます。

❸ 学習活動の配列や時間の工夫

上のカリキュラム例のように，１日の流れや子供の実態，学習活動を意識してモジュール学習や２時間続きの学習を設定しましょう。

Q131 主体的な学習にするには何に気を付ければよいですか？

子供が「これを学びたい」「話し合いたい」「調べたい」いう目的意識をもって授業に入ることが大切です。そのためには，教師が予定している学習課題に**子供の意識が向かう導入**を行う必要があります。また，前時の終末に「次は，こんなことをしたい」という子供の意欲を高めておくのもよいでしょう。子供の思いを大切にして，**子供とともに学習課題を設定**するようにしましょう。既に教師の都合で決まっている学習課題を提示するのではなく，子供の課題意識がどこに向かっているのか，確認しつつその場で板書していきましょう。

子供の発言，活動が少しでも多くなるように，授業記録をとって自分の姿を振り返ってみるとよいでしょう。発言量や活動量が教師：子供＝３：７を目指していきましょう。

Q132 対話的な学習にするには何に気を付ければよいですか？

子供がやみくもに話していればよいというものではありません。対話の前には個人が自分の考えをもつ必要があります。**個人追究の場を保障**しましょう。それぞれが考えをもった上で課題解決に向けてペアで，グループで，学級全体で話し合いを行います。何のために，どのような方法，形態で話し合うのか**目的や手段をはっきりさせて**から行うとよいでしょう。

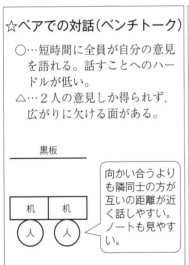

☆ペアでの対話（ベンチトーク）

○…短時間に全員が自分の意見を語れる。話すことへのハードルが低い。
△…２人の意見しか得られず，広がりに欠ける面がある。

黒板

机　机
人　人

向かい合うよりも隣同士の方が互いの距離が近く話しやすい。ノートも見やすい。

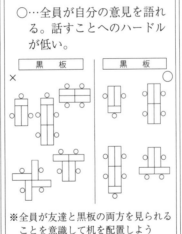

☆グループでの話し合い

○…全員が自分の意見を語れる。話すことへのハードルが低い。

黒板　　黒板

※全員が友達と黒板の両方を見られることを意識して机を配置しよう

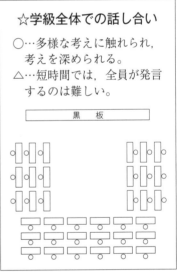

☆学級全体での話し合い

○…多様な考えに触れられ，考えを深められる。
△…短時間では，全員が発言するのは難しい。

黒板

Q133 深い学びとは何ですか？

子供が主体的に対象や友達と関わる学習を通し，納得，実感して**自分の言葉で語れる知識**を得る学びです。子供の中に既にある知識や体験と新たな知識とが関わり合って腑に落ちていく学びです。各教科の見方・考え方を働かせることが深い学びのポイントになります。各教科のページに教師支援の方法と具体的な子供の姿が書かれています。参考にしてください。

Q134 チーム学習とはどのような学習ですか？

　グループを組めば「チーム学習」になるというわけではありません。チーム学習で協同的な学びを成立させるためには，次の5つの要素が満たされているか，確認していきましょう。

❶ 互いに学び，互いに伸びる

　目標，ご褒美，教材，役割などについて互いに協力を必要とする関係，「運命共同体」の関係をつくる。チームをつくる子供がはっきりとした共通の目標を意識し，全員が欠かせない存在として認識することが大切。→一人一人が自分事に捉える課題設定

❷ 前向きに関わり合う話し合い

　互いに援助したり，励ましたり，褒めたりし合う機会を教師が最大限に保証する。

　①援助を提供し合う　②情報や資料を交換したり，効率的に処理したりする

　③次の作業を改善するために互いの意見を交換し合う

　④より質の高い意思決定のため，互いの結論や理論の組み立てにあえて意義を唱える

　⑤共通の目標達成に全力を尽くす　⑥信頼し，信頼されるよう行動する

❸ 個人としての責任

　個々のグループメンバーは，追究課題について自分の個人目標に到達するように活動する。人任せのメンバーが一人も出ないようにする。（「社会的手抜き」の防止）互いに最善を尽くすよう，励まし合う。→一人一役

❹ ソーシャルスキルの利用

　やりとり，傾聴，自己主張，妥協，意見の対立の解決法など様々な社会的スキルを指導し，子供はそれらを利用してグループ内で上手に関わり合う。小集団が円滑に関わり合えるよう，グループ任せにせず，教師は適宜指導する必要がある。

❺ 集団の改善手続き

　チーム学習でどのように仲間に援助したらよかったか，グループでの振り返りの機会を設定する。目標に向かってグループの仲間が上手く課題に取り組める関係を維持できるようにする。

Q135 知識構成型ジグソー法とはどのような学習ですか？

　以下のような学習方法です。

⓪学習課題を設定する　→　①自分の分かっていることを意識化する（個の活動）→

②同じ活動をする班で学び専門家になる（エキスパート活動）　○○○　□□□　◇◇◇　→

③各専門家が集まって班を再構成し，互いの意見を交換・統合する（ジグソー活動）

　　　　　　　　　　　　　　　　　　　　　　　　□○◇　□○◇　□○◇　→

④クラス全体で学習課題について話し合い，吟味する（クロストーク）

⑤個に戻り，①からいかに深まったか，自覚する（振り返り）

Q136 ▶ 問題解決学習とはどのような学習ですか？

　問題解決学習とは，教師が子供に知識を伝達して身に付けさせる学習ではなく，子供が自ら問題意識をもち，自ら知識・技能や学び方を身に付けていく学習です。また，平成29年版学習指導要領で目指す３つの資質・能力（「知識及び技能」，「思考力，判断力，表現力等」，「学びに向かう力，人間性等」）を一体的に育むために必要な学習方法で，「主体的・対話的で深い学び」を実現するための１つの学習方法であるとも言えます。

Q137 ▶ 問題解決学習はどのような方法で進めるのですか？

❶ 問題解決学習の基本型（社会科の例）

	段　階	学　習　活　動
問題把握	1　問題をつかむ	○問題場面に直面し，問題を発見して捉え，学習の目標を決定する（追究課題を明らかにする）。
	2　予想する	○問題を解決するための予想（仮説）を立てる。
	3　学習計画を立てる	○問題を解決するために必要な資料や情報の収集方法を考える。
問題追究	4　調べる	○観察や資料を基にして事実を調べる。
	5　意味を捉える	○事実と事実の関係を比較し，類似・差異・関連などを考える。 ○事実と事実とを支える条件や関係などを考える。 ○事実の原因や背景を考える。
	6　確かめる	○個々に調べ，捉えたことを相互に交流する。
まとめ・発展	7　まとめる	○社会的な意味や機能を探り出す。 ○問題の本質的な意味を捉える。 ○問題を構造的・全体的に捉える。 ○その問題の意味を人間や自分の生き方として考える。
	8　発展させる	○他の事象への応用・発展を図る。 ○実践への意欲付け・態度化を図る。 ○次時，次単元への発展を図る。

❷ 問題解決学習の具体的な進め方（社会科の例）

〈1〉問題意識をもつ

　追究の原点は「疑問（問い）をもつこと」です。生活経験や，観察・実験・見学によって，おもしろい「疑問」を発見すれば，子供は問題意識をもち，追究意欲は向上します。

〈2〉学習課題を設定する

ア　学習課題（問題）とは

　　学習課題とは，問題解決を図っていくときの学習のテーマです。

イ　学習課題の最低条件

　　・学習課題を追究していくと，教科のねらいや子供の達成感を満たすものか。

　　・具体的な事実に基づいているか。子供のやる気を引き出すものか（切実か）。

　　学習課題は，観察・実験や資料の活用などを通して把握した事実や活動・体験に基づいて設定します。子供が興味や関心を示し，調べてみたいと感じるような学習課題がよいでしょう。

　　・子供なりの予想を立てることができるものか（仮説）。

　　学習課題に対して，子供が多様な予想を立てられることは，それを確かめていこうという子供の学習意欲を引き出すことになります。

〈3〉調べ活動

ア　多様な調べ活動

　　・教科書で調べる　・図書室で調べる　・見学や観察をする　・実習や実験をする

　　・インタビューをして調べる　・インターネットで調べる　　など

イ　資料の読み取り方の指導

　　調べ活動がうまくいかない１つの要因は，資料が読めないのに解釈させようとしているからです。グラフ，絵や写真資料の読み取り方の指導をします。

　　・資料から分かることをできるだけ数多く見つけ出す。

　　・多くの資料を比べてみて，似ていることや違っていることを考える。

　　・多くの資料を結び付けるとどんなことが言えるか考える。

　　・集めた資料から分かったことを自分の言葉でまとめる。

〈4〉成果のまとめ

ア　様々な表現活動

　　・言語を中心に…発表，話し合い，討論など

　　・体を使って…劇，ごっこ活動，模擬体験など

　　・文字や絵を中心に…絵地図，紙芝居，イラスト，新聞など

イ　追究の深化

　　調べたことや調べて分かったこと，考えたことなどを学級で出し合い，関わり合うことで，子供は多様な考え方を知り，自己の考えを深めることができます。

Q138 話し合いの授業のよいところは何ですか？

　仲間と考えを交換したり共有したりしながら学んでいくことによって，子供たち個々の学びは，より深い学びの世界がつくられていくことになります。また，集団としての考えを発展させたり，他者への思いやりをもって多様な人々と協働したりしていくことができます。こうした仲間との関わり合い・学び合いを深めていく活動の1つに，話し合いがあります。

　話し合いの中では，子供たち一人一人の見方・考え方や価値観が明確になり，焦点化されます。反対意見に出会えば，自分の考えの根拠の弱さを知ったり，新たな発見をしたりして，相手の意見にも耳を傾けて，もう一度自分の考えを吟味することになります。支持してくれる仲間がいれば，賛同する意見を基に，自分の考えを更に確かなものにすることができます。話し合いは，子供たち自身の価値観や意思決定が問われ，おのずと追究することを促されるため，学ぶ意欲を十分に高めることになります。

Q139 話し合いの授業をするときの留意点は何ですか？

　話し合いの授業は，確かな学級経営の上に成り立ちます。日頃から一人一人を大切にし，互いに尊重し合う学級づくりを進めておく必要があります。

　より深い話し合いをするために，次のことに留意しましょう。

❶ 授業の前に

○子供の自己追究ノートを点検し，朱書きをします。調べた内容や考えを認めたり，意味付けたり，問い返したりして，子供に話し合いに臨む前の自分の考えの価値を確認させます。

○座席表に自己追究の内容や考えのポイントを転記し，子供の考えを把握します。

○本時の構想を練ります。座席表を基に学級全体の考えを把握しながら，第一発言者，話し合いの転換契機，まとめの方向などの授業の流れや，考えを引き出すための意図的指名などの手だてを考えます。板書計画も同時に考えます。

○朱書きや対話で，調べた内容や考えの価値を子供に伝え，発言意欲を喚起しておくことも必要です。

❷ 授業のはじめに

○説明が長すぎたり発問を何度も言い換えたりすると，子供はかえって混乱します。本時で何を追究するのか，何について考えるのかを簡潔に示します。その後，本時の学習課題を板書します。

○自分の調べた内容や考えが本時の学習課題に対してどのように関わるのかを確認させます。

○第一発言者は授業の方向を決めます。十分に検討し，考えの価値付け等，意図的指名する本人に対して準備しておくことが大切です。

○座席の隊形を工夫し，教室の仲間全体に対して発言することを意識させます。

❸ 話し合いが始まったら

○発言のときの話形を指導し，最後まではっきりと聞こえる声で話すように促します。

○同じ内容の事柄や考えの発表も認めます。自分の言葉で発表することで，授業への参加意識は高まります。

○教師に向かって発言している場合は，体の向きを変え，教室の仲間全体に向けて発言することを意識させます。

○板書は，発言を簡潔にまとめ，板書計画を基に整理しながら黒板に書き留めます。また，ネームプレート等により誰の発言かが分かるようにします。

○教師は，教室全体にも目を向け，聞いている子が発言内容を理解しているかを意図的指名等で確認します。

○子供の発言をむやみに復唱しないように気を付けます。友達が発言する内容について聞く耳をもたなくなることが考えられます。また，復唱する中で教師の思い込みから，子供の発言の意図と違う内容にすり替わってしまうことがあります。十分に気を付けましょう。

○話し合いは，自分の調べた内容や考えの発表の場だけではありません。友達の発言と自分の考えを関わらせ，学習課題について考えを深める場にしましょう。そのために，「ほかに，……」「何でもいいから，……」等の指示ではなく，「○○さんの意見に対してどう思う」等の子供同士の対話をつなぐことを心がけましょう。

○教師が話し合いに登場する場面として

　・発言内容が分かりにくく，聞いている子が理解できないと判断したとき

　　→発言者に再度発言をさせて確認し，聞いている子供に内容を復唱させ確認します。

　・意見が十分に出され，話し合いの深まりが期待できる契機が見られたとき

　　→契機となる意見を取り上げ，話し合いの焦点化を図ります。

　　→授業を止め，話し合いを基に自分の考えの変容をノート等にまとめます。

　・話し合いが拡散したり，一方的な考えに偏ったりする可能性が見られたとき

　　→ゆさぶりの問い返しや，座席表で他の視点から考えている子を意図的指名して軌道修正を図ります。

❹ 終末では

○授業のまとめを十分確保できるように，話し合いの収束を目指します。

○話し合いを終えた時点での自分の考えをノート等にまとめます。初めの考えとの変容に着目させます。また，心動かされた友達の意見等も振り返りたいです。

○話し合いが途中でも，必ずまとめの時間を確保し，その時点の自分の考えをまとめます。

❶ 学習指導案は「自分の財産」，「子供の財産」です

学習指導案とは，「誰（教科が専門の先生でなくても…）」が読んでも理解できることが前提です。「どの教科」「どの題材」「どのような活動を伴って」「どんな学びを身に付けていくのか」これらを正しく伝えられる，読む側が理解できるように意識して書くことが大切です。

◇「言葉でごまかしている…」

　　できるだけ平易な言葉（専門用語は，できるだけ避ける）で論述する。

◇「何が書いてあるか読みづらい…」

　　文章の主述のねじれや文脈の流れに留意したり，一文を短くしたりして，分かりやすい文章表現を心がける。

◇「何の教科の学習指導案？」

　　教科の特徴や，単元，題材の指導の要点を盛り込んだ内容にする。

◇「誰の学習指導案？」

　　指導内容，指導方法について，オリジナリティな部分を盛り込むよう工夫する。

学習指導案の形式は，各学校の研究意図に基づいて工夫されています。そこには，学習内容，指導方法等に対し，どの部分をクローズアップして指導に携わるかなど，教育目標や研究主題に沿った「意図」があるはずです。教務主任，研究主任の先生方とよく相談をして，決められた枠の中で，自分のねらいを明確にした学習指導案を書きましょう。

❷ 単元構想こそ最大の教師支援である

単元構想とは，授業を通して目の前の子供をどう育てていきたいか，その計画と見通しを，分かりやすく論述することで「教師自身が指導の見通しを立てる」営みとなります。したがって，その内容は，およそ以下のようにまとめられます。

◇児童・生徒観……単元を進めていく前提としての子供の実態を，分析的に書きます。

◇単元観，教材観…単元や教材の特色や指導価値を，児童観に結び付けながら書きます。

◇指導観…………単元全体，本時のものを，具体的な手だてに基づいて書きます。

○単元って何？

教科によっては「題材」という言葉に置き換える場合もあります。

単元とは「目的追究的な過程を通し学ばせる，ひとまとまりの教材内容をさすもの」です。学習指導要領では，１つのまとまりとして示されている学習内容のことを指し，教育的なねらいをもって「まとまり」として構成されています。単元の構想では，系統性が重要です。

❸ 学習計画（指導計画）の立て方

◇何時間の指導を必要とするか

◇どのような手順で指導するか

◇指導のための教師の手だて，支援は何か

　限られた紙面ですから，簡潔にまとめて記述しましょう。また，単元全体を見通して，適切な指導時間を設定することが大切になります。

　これまでの経験を生かしたり先輩の助言を受けたりしても，目の前の子供の状態によって，計画がスムーズに進まなかったり，逆に順調に消化したりすることがあります。時と場合に応じて，計画を修正し続けながら，指導に当たるよう心がけましょう。

　手だてや教師支援を記述する場合は，記述した文章を何度も読み返し，

　「子供が○○できるようにするために，（教師は）○○する」

という文脈で，内容が具体的に記述されているかを確かめるとよいでしょう。教師支援が明確で，何をするということがはっきりしていると，授業はうまく進みます。

❹ 本時の学習指導の計画の立て方

○本時の目標

　本時の学習指導のねらいを明記します。単元のねらいを達成するために，本時では「何を」「どこまで」ねらうのかについて，分かりやすく表記することが大切です。また，単元の目標に対してすべての項目で立てるのではなく，中心となるものを的確に表記しましょう。

○展開

◇過程

　「つかむ・調べる・深める・まとめる」など，各学校で扱い方が異なります。

◇児童・生徒の活動（学習活動）

　子供が学習する姿を具体的に思い浮かべながら，的確に表現します。

◇学習課題

　子供の本時における問題意識。提示するタイミングをいつに設定するかが大切です。

◇教師の活動（教師の支援，指導上の留意点）

　子供の追究過程，意識の流れを構造的に捉え，具体的な内容を設定します。

◇時間

　それぞれの学習活動の時間配分，指導の軽重に問題がないかを確かめます。

○評価

　評価は，評定をつけるためのものではありません。教師の指導が確かであったかの目安です。本時の目標を裏返すのではなく，本時で具現したい子供の姿を記述するように心がけましょう。

❺ 学習指導案を「分かりやすく」書くコツ

〈1〉学習の主体は子供…学習指導案の記述は，教師主体で

　学習指導案は，子供を預かる教師が授業において子供の力をいかに引き出し伸張するか，そのねらいと過程を分かりやすく記述する「授業設計図」です。したがって，あくまで子供が主体的に学び，それを支援する立場で単元を構想しますが，記述は教師がどの目標に沿ってどういった活動をするかという視点で統一すると，分かりやすい学習指導案になります。

〈2〉バランスが大切

　学習指導案は，Ａ４判で２枚や３枚など枚数が決まっている学校が多いことでしょう。構想などバランスよく記述することが大切です。できれば，本時の学習展開の部分を詳しく記述したいものです。

　「誰が見ても分かる」「他の先生も活用が可能である」ということを考えると，「読みやすさ」や「見やすさ」も大切です。「構想文を１枚に収める」「計画表や図がページをまたがない」などといったことも意識して，丁寧に作成しましょう。

〈3〉構想文は「3：3：4」

　学級の経営に熱心な先生や教科指導に長けた先生ほど，書き込みたい内容が豊富です。逆に，紙面や分量ばかり気にして記述すると「ありきたりの作文」に終始してしまいます。

　構想文は，「児童・生徒観」「単元観，教材観」「指導観」に分類されます。以前は，教材観を先に記述するものを多く見かけましたが，最近は，目の前の子供の捉えから「目指す子供像」を最初に記述し，そのための単元観や教材の適正を後から述べるものが主流のようです。

　教師の主張が伝わりやすい記述にするためには，文量のバランスも意識しましょう。

　「児童・生徒観＝３割」「単元観，教材観＝３割」「指導観＝４割」くらいを目安にするとよいでしょう。

〈4〉指導計画の作成に力を注ぎましょう

　授業を研究する営みは，最終的に子供に還元されるところが大きいのですから，単元における本時の位置付けを明確にすることが大切です。そこで，「本時に至るまで」「本時以降の指導経緯」を見通すことができる「指導計画」の作成を心がけると，よりよい授業実践につながります。

　学習指導案の書き方については，次の項目で紹介します。学習指導案中での書く内容の配当，バランスは，４枚の場合は「指導計画で１枚」，３枚の場合は「指導計画と単元構想と合わせて1.5枚程度」に，それぞれ充てるくらいがよいでしょう。

　よい授業が展開されるためには，この部分の記述がとても重要になります。

○文章の主語は，教師で統一します。

○子供にどう変容してほしいか，理由を先に述べます。

○教師の活動に「子供に〜させる」という表記は，できるだけ避けましょう。

○子供の活動と教師の活動（教師支援）は左右セットに考え，そろえて書きましょう。

　そのとき，子供の活動や意識について予想できる姿をいくつか書くようにしましょう。

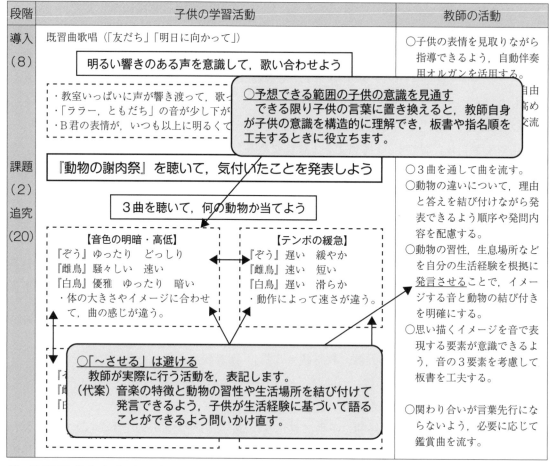

段階	子供の学習活動	教師の活動
導入 （8）	既習曲歌唱（「友だち」「明日に向かって」） **明るい響きのある声を意識して，歌い合わせよう** ・教室いっぱいに声が響き渡って，歌… ・「ララー，ともだち」の音が少し下が… ・B君の表情が，いつも以上に明るくて…	○子供の表情を見取りながら指導できるよう，自動伴奏用オルガンを活用する。

○予想できる範囲の子供の意識を見通す
　できる限り子供の言葉に置き換えると，教師自身が子供の意識を構造的に理解でき，板書や指名順を工夫するときに役立ちます。

段階	子供の学習活動	教師の活動
課題 （2） 追究 （20）	**『動物の謝肉祭』を聴いて，気付いたことを発表しよう** **3曲を聴いて，何の動物か当てよう** 【音色の明暗・高低】 『ぞう』　ゆったり　どっしり 『雌鳥』　騒々しい　速い 『白鳥』　優雅　ゆったり　暗い ・体の大きさやイメージに合わせて，曲の感じが違う。　　　【テンポの緩急】 『ぞう』　遅い　緩やか 『雌鳥』　速い　短い 『白鳥』　遅い　滑らか ・動作によって速さが違う。	○3曲を通して曲を流す。 ○動物の違いについて，理由と答えを結び付けながら発表できるよう順序や発問内容を配慮する。 ○動物の習性，生息場所などを自分の生活経験を根拠に<u>発言させる</u>ことで，イメージする音と動物の結び付きを明確にする。 ○思い描くイメージを音で表現する要素が意識できるよう，音の3要素を考慮して板書を工夫する。 ○関わり合いが言葉先行にならないよう，必要に応じて鑑賞曲を流す。

○「〜させる」は避ける
　教師が実際に行う活動を，表記します。
（代案）音楽の特徴と動物の習性や生活場所を結び付けて発言できるよう，子供が生活経験に基づいて語ることができるよう問いかけ直す。

❻ 学習指導案を上手に書くことができるようにするためには

〈1〉 たくさん「書く機会」をつくりましょう

　たくさん書くことがうまくなる近道です。そんなに書く時間がないという場合は，研究授業で配られる学習指導案を，何度もしっかりと読みましょう。

〈2〉 先輩教師の「まね」から始めましょう

　先輩に見てもらうのも大切です。まねから始めると，作業がはかどります。

〈3〉 プロット立てから始めましょう

　パソコンに向かっていきなり文章を書くのもよいでしょうが，まず，伝えたいことを箇条書きにして書き出し，項目別に整理してから文章にまとめることをお勧めします。

Q141▶ 授業分析とはどういうものですか?

　授業分析とは，授業の具体的な場面をもとに，授業の特徴や他の何らかの知見を明らかにしようと検討を加えることです。実際には，次のように授業を分析していきます。

❶ 授業での教師と子供の活動を分析する

〈1〉できれば，複数の目で授業全体の傾向を明らかにするとよいでしょう。教師の指示や発問などに対する子供の反応を，複数の観察者が近くの子供の様子を比較し分析していきます。

〈2〉教師の指示や発問に対して，教師の意図した方向とは違った子供の反応が見られることがあります。このように授業者が「なぜ」「どうして」と感じた場面について，観察者が「このように子供は受け取った」と説明するなどして，その場のコミュニケーションのずれも明らかにします。

❷ 授業に関わる様々な見方や考え方が身に付くように分析をする

〈1〉授業者と参観者の意見を交流させ，考え方の幅を広げ，授業についての知見を深めます。

〈2〉授業者が困った場面で，どうするべきであったか，代案を出し合います。ここで大切なのは，授業者が自分の考えに固執したり，参観者が自分の考えを押し付けたりせず，それぞれの考えの背景にある価値観の違いに迫るほど，互いの考えを吟味し合うことです。

Q142▶ 授業を分析するには何をどのように分析すればよいですか?

❶ 導入について

〈1〉興味・関心をうまく引き付けられたか（教材教具，資料・視聴覚機器の利用など）。

〈2〉引き付けた興味・関心が，その後の授業展開に有効に働いたか。

〈3〉時間をかけすぎていないか。

❷ 学習課題について

〈1〉学習する内容が具体的に示されているか。

〈2〉子供の実態や本時の目標，授業の流れに合ったものになっているか。

〈3〉子供の意欲を引き出し，追究のエネルギーを高めるものになっているか。

❸ 学習課題に迫るための手だての工夫

〈1〉目標に迫るための手だてが授業に位置付けられているか。

〈2〉手だての内容は，子供の実態に適したものになっているか。

〈3〉手だてを講じるタイミングはよかったか。

〈4〉手だては有効に働いたか。

❹ 発問について

〈1〉教師の意図と子供の解釈にずれがないか。

　ア　どうしてずれが生じたのか，その要因を考えます。さらに，どのような発問をするべき

であったか，自分なりの考えももつようにしましょう。理解のずれが生じやすいのは，教師の発問が，抽象的であったり，子供の意識や学びを捉えきれていなかったりすることが考えられます。

　イ　教師の意図と子供の解釈に，ずれが生じた後の教師の対応にも着目します。

〈2〉「正解」の扱いに注意する。

　ア　教師が特定の「正解」を想定して行う発問があります。このような発問では，「正解」「不正解」がどのように扱われるかを注意する必要があります。

❺ 指示について

〈1〉指示が全ての子供に理解され，徹底されているか。

　ア　指示の言葉が具体的で，伝えたいことが正確に伝わっているか。

　イ　子供自身が，指示された内容の大切さを感じているか。

　ウ　複数の指示を同時に出し，子供を混乱させていないか。

〈2〉指示に工夫がなされているか。

　例として，音楽科で，「のどの奥を大きくあける」という場合に，「マシュマロをかまずにしかも形を変えずに飲み込んでごらん」というような言い方など，工夫されているか。

❻ 子供の学習活動について

〈1〉子供の実態に合った内容になっているか。

〈2〉本時の課題に迫る内容になっているか。

〈3〉系統的でありながら，変化もあり，楽しく理解を深めることができているか。

〈4〉基礎・基本を身に付けることを大切にしているか。

〈5〉子供が主役となり，自ら考える場面はあるか。

❼ 対応について

　授業では，時として予想外の子供の動きが見られます。したがって，「とっさに対応する力」が必要になってきます。子供の発言，かすかな表情の変化やつぶやきなどを的確に捉えているか，また，それに対して適切な対応をしているかを見ます。

❽ 机間指導について

　机間指導が意図をもって取り入れられ，どれだけ授業に有効に働いたかという視点から見るようにします。子供を捉え，授業の流れに生かしていくことも大切です。

❾ 学習環境について

　活動にふさわしい教室環境・学習形態か，掲示物など学習の足跡が残っているかを見ます。

❿ 理解を深める工夫について

〈1〉子供の理解を助ける板書にするため，全体の構成，チョークの色遣いに工夫があるか。

〈2〉子供の理解を深めたり，意欲を高めたりする資料・教材・教具が用意されているか。

〈3〉 机間指導による声かけは適切になされているか。

〈4〉 精選された主発問だけでなく，適切な補助発問があるか。

⓫ 授業のまとめについて

〈1〉 学びの跡が分かる板書になっているか。

〈2〉 学習課題に対しての学びの広がりや深まりを，認め称賛する教師の言葉はあったか。

〈3〉 子供は，次時への問題意識をもつことができたか。

〈4〉 子供の次時への期待は高まったか。

⓬ 評価について

〈1〉 本時の目標は達成されたか。

〈2〉 子供が満足感や達成感を味わうことができたか。

〈3〉 評価の方法は適切であったか。

⓭ 学級経営について

　日頃の学級経営の積み重ねが，授業での活動の効果をさらに高めます。

〈1〉 教師と子供の間に信頼関係はできているか。

〈2〉 子供同士が信頼し合い，互いに関わることができているか。

〈3〉 目立たない子供や理解の遅い子供への配慮が見られる授業であったか。

⓮ 研究主題について

　学校などの研究主題を基にした授業を参観するときには，次の点にも注意しましょう。

〈1〉 研究主題は，目の前の子供の実態・学校の特色を基に設定されているか。

〈2〉 研究主題に迫る授業が展開されていたか。

〈3〉 子供の姿から，研究の仮説の妥当性や手だての有効性を感じることができたか。

Q143 授業を参観するときはどのような位置で見るのがよいですか？

　授業を参観するときの位置については，次の点に気を付けるとよいでしょう。

　ただし，抽出児・生徒の授業記録をとったり，ビデオやカメラで記録をとったりする係になった場合は，その係の仕事がしやすい位置を確保しましょう。

①教師の営みと，それに対する子供の様子や表情がよく見える位置

②子供と教師の声がよく聞こえる位置

③板書が見やすい位置

Q144 どのような授業記録のとり方がよいですか？

　基本的には，子供や教師の発言を中心に授業記録をとります。しかし，その全てを記録することは不可能です。次の点に気を付けながら，ポイントを絞って記録をとりましょう。

❶ 教師の発言

　教師の主発問や授業の流れが変わるような重要な言葉は，枠で囲んでおきましょう。

❷ 子供の発言

　ポイントを押さえたキーワードを記録するようにしましょう。

❸ 授業の代案

　自分だったらこうする，というひらめきを記録しておきましょう。

❹ 自分にないこと

　自分より優れていることを見つけ，記録しておきましょう。

❺ 必須アイテム

　記録用紙，3色または4色ボールペン，バインダーがあると便利です。

Q145 協議会ではどのように発言すればよいですか？

❶ 授業者へのねぎらいの言葉は控え，端的に一つだけ述べる

　協議会は限られた時間しかありません。ですから，発言内容は授業者や参観者の力となるものにしましょう。前置きやねぎらいの言葉は避け，ポイントを絞って話しましょう。

❷ 一方的な質問ではなく，自分の予想を付け加える

　「先生には…といった意図があり，…したのだと私は考えたのですが，それでよいでしょうか？」といった質問をすると，授業者に質問の意図が伝わりやすくなります。

❸ 意見には代案を付け加える

　「あの場面では，私なら…のように子供に問い返そうと思います。」などと，自分ならこうするといった意見を付け加えるようにしましょう。

❹ 授業記録をもとに具体的な意見を述べる

　授業記録をもとに，「○時○分に，○○君が，…と発言した場面がありました。この発言を取り上げることで…できたのではないでしょうか。」というように，具体的な意見を述べることが大切です。そうすることで協議も深まり，さらに自分の授業を見る目も高まります。

❺ 必ず意見を言う

　意見を述べることが，自分の力を高めるとともに，授業者の労をねぎらうことになります。

❻ 否定的な意見ほど注意して話す

　意見を受け入れてもらうためにも，表情や用いる言葉に注意するなど，話し方を工夫してみましょう。

Q146　なぜ論文を書くのですか？

　私たちが書く論文は，教育研究論文です。すなわち，授業における研究成果を自分の実践を通して検証していくことが目的となります。この取組を通して授業がうまくなり，子供が喜ぶ授業ができるようになったら最高です。論文を書くことには，次のような大切な意味があります。

①授業が変わる

　論文にまとめることによって，自分の日頃の授業の手だてがどれだけ効果的で成果が得られていたのかを検証し，それを基に授業を改善していくことができます。論文を書くことによって授業をよりよいものに改善していくことができます。

②子供のための実践に近付ける

　授業が子供のためになっているかどうかの視点で客観的に授業を見つめ直すことができます。論文のための実践ではなく，子供のための意図的な実践を目指すことが大切です。

③自分自身を飛躍させる

　書くことは，論理性や客観性が要求され創造的な営みであるだけに，読むこと・話すこと以上に困難です。それだけに自分自身の文章力の成長を知ることができます。

Q147　論文にまとめるメリットはありますか？

　論文にまとめることの意味は上で述べましたが，さらにメリットがあります。論文を書き上げた後は，次のような多くのことを身に付けることができます。

①教育実践について，指導の方向性や手だてをつかむことができ，授業に対する自信をもって臨めるようになります。

②授業を行うとき，よりよい方法はないかと，常に課題意識をもつことができます。

③自己を厳しく見つめ，日常の授業を振り返るようになります。

④子供が以前に比べてよく見えるようになり，分かりやすい授業を目指すようになります。

⑤単元を通して，一貫性をもって授業を見通したり課題を設定したりする習慣が身に付きます。また，仮説に基づく研究の大切さや実証的な教育研究の進め方などが分かってきます。

⑥研究のまとめができると同時に，自分の教員生活の足跡を残すことができ，１つのものを完成させた喜びと充実感が得られるようになります。

　教師が努力をすれば，その分だけ子供は育っていくと言われます。常に研究心と向上心をもち，目の前にいる子供たちをどのように育てていきたいのか，そのためにはどういった手だてを行えばよいのか，いつも自分に問い続けていくことが何よりも大切です。論文を書くことを通して，子供とともに教師自身も「教育のプロ」として成長していくことができます。

Q148 論文の一般的な形式はどのようになっていますか？

論文を書くには，その形式を知っておく必要があります。論文の基本的な形式は次のようになっています（論文の総ページ数を13ページとした場合）。※引用文献はページ数に含めない

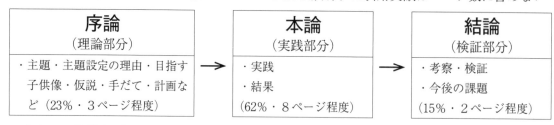

序論 （理論部分）	本論 （実践部分）	結論 （検証部分）
・主題・主題設定の理由・目指す子供像・仮説・手だて・計画など（23%・3ページ程度）	・実践 ・結果 （62%・8ページ程度）	・考察・検証 ・今後の課題 （15%・2ページ程度）

また，一般的なプロットとしては，次のようなパターンがあります。これは基本モデルですので，他の項目になることもあります。

1	はじめに	6	研究の実際（結果）
2	主題設定の理由	7	考察
3	研究の仮説	8	結論（まとめと今後の課題）
4	研究の手だて	9	おわりに（ここまでで13ページ）
5	研究の計画（単元構想）	10	文献表（参考文献・引用文献）

Q149 実際に論文を書くにはどのような手順で書けばよいのですか？

❶ 研究主題を決定する

初めに研究主題を決定しますが，忘れてはいけないのが「子供のための研究」だということです。従って，まず行うことは「目の前の子供を見つめ直す」ことです。今までの授業を通して子供は何が得意で何に苦手意識をもっているかを把握します。そうすることで，課題を読み取ることができ，主題を決定することができます。このプロセスを主題設定の理由に書くことが大切です。学習指導要領や教育雑誌などを参考にキーワードを探して取り入れてもよいですが，あくまで参考程度にします。研究主題の例は次のようなものがあります。

〈論文の研究主題の例〉
・筋道を立てて論理的に思考し，表現力を高める国語科の授業（国語）
・子供たちが切実感を抱き，自分の意見を構築できる社会科の授業（社会）
・作り方や遊び方を工夫しながら思考と自分自身への気付きを深める子の育成（生活）
・思考判断しながら，即興で考えや気持ちを表現し，伝え合うことができる生徒の育成（英語）
・「主体的・対話的で深い学び」による理科授業を目指して（理科）

優れた論文の題には，学ぶ喜びや子供の主体性の重視，基礎・基本の定着など学習指導要領の趣旨を大切にした主題や，子供の心の問題など，今日的な課題の解決に資する主題が数多く見られます。主題を見ただけで実践の中身が浮かんでくるようなテーマ設定が大切です。読み

手が，思わず読んでみたくなるようなインパクトのある研究主題を考えましょう。

❷ 仮説を設定する

研究主題が決まったら，次は仮説を設定します。下のように，３つの機能で，研究概略の見通しを立てるために仮説の設定を行います。

「①○○において，	②△△を□□することによって，	③☆☆になるであろう」
場，対象等	手だて，工夫	ねらい，目指す子供
・どこでだれに	・何をどのようにすることによって	・どう現状を変えようとしていくのか
研究対象の限定	研究のポイント	検証方法の確立

〈仮説の例〉
①社会科の授業において②生徒の問題意識が連続するような単元構成をすることで，③切実感と追究意欲が高まり，生徒たち自身で主体的・対話的で深い学びを実現することができるであろう。

❸ 本研究を行う単元と仮説を検証するための手だてを考える

次に，子供の実態から見えてくる伸びる方向性を考え，単元を選びます。その単元の具体的な実践方法や仮説を検証する手だてを考えるところから研究は始まります。子供の困り感を克服するために，どのような教師の手だてが有効かを考えて単元構想を練り上げます。様々な授業を見たり，実践例が書かれた書物などを読んだりしておくと，ヒントになることもありますが，ぜひアイデアを絞り，オリジナルの研究を考えたいものです。また，手だての有効性を検証するために，抽出児（生徒）を選び，その変容を追っていきます。

抽出児（生徒）を選ぶ観点としては，次の３つが挙げられます。

①学級の子供の実態を浮き彫りにしている児童（生徒）を選ぶ

②「この子を何とか○○したい」という教師の願いから選ぶ

③教師の手だてにより変容しそうな子供を，１〜３人程度選ぶ

❹ 実際に授業を行い，記録を残していく

記録として残しておくとよいものには，例として次のようなものがあります。

①授業記録（授業中の教師の発問に対する子供の発問や様子の記録を取りためておきます。録音しておき，あとでテープ起こしをする方法もあります）

②授業の様子が分かる写真（子供の活動の様子だけでなく，板書の様子，教師の用意した手だてやそれを使っている子供の姿は必ず撮っておきます）

③子供のノート（授業日記を書かせるとよいです。感想よりも友達の意見発表から新たな発見や自分の進歩などを書かせるとよいです。また，課題に対する自分の考えを書かせ，教師は必ず朱書きを入れておきましょう。現物をスキャナーで保存しておきます）

④座席表（子供の考えを記録したものを，日付・授業時間を書いて保存しておきましょう）

⑤授業で使ったプリント（もとの原稿だけでなく，子供の考えが書いてあるものもコピーしてとっておくとよいでしょう）

⑥小テストや確認テストの点数の記録（子供の習熟度の変容が分かります）

❺ 実際に論文にまとめる

実際に論文を書いていく上で，次のような点に留意しながら書くとよいでしょう。

〈1〉書く前に，先輩の論文を見せてもらい参考にします。実際の論文を読むことでイメージが湧いてきます。早めにプロットを立て，その段階で，先輩に見てもらいましょう。

〈2〉論旨の一貫性が保たれているように書きます。書き出しと終わりで論が変わらないようにしましょう。

〈3〉教師の講じた手だてによって子供が変容した様子を実践部分で分かりやすく書きます。変容した姿だけにならないよう，単元初めの頃の抽出児の姿も必ず記載しておきます。

〈4〉論文の検証部分で，仮説の検証や手だての有効性について考察します。留意点として，次のような点が挙げられます。

ア　できる限り多く資料を集め，その中から精選した資料で客観的に考察します。

イ　抽出児の変容の事実を捉え，どの手だてによって，変容があったのかを探ります。このことが，読み手に伝わるような説得力のある書きぶりになるようにしましょう。

ウ　成果や変容の有無の判断をするには，その根拠となる事実を示してから結論づけます。根拠がないのに拡大解釈したり，憶測で解釈して述べたりしないようにします。

エ　事実を述べている部分と解釈や考えを述べている部分を区別して記述します。

オ　仮説を肯定する事実だけではなく，否定する事実も取り上げて考察します。成果と同時に課題も明らかになっていくはずです。

〈5〉完成したら提出する前に誰かに読んでもらうとよいでしょう。自分の頭では分かっていても，それが論文の中に表れていないこともよくあります。

Q150 ▶ 「教育論文」作成の留意点にはどのようなものがありますか？

教育研究や論文作成における留意点には次のようなものがあります。注意してください。

---

①主題で使う用語は抽象的であったり，独自の用語を使ったりしないようにする。

②仮説がなかったり，考察方法がない仮説が設定されたりすることがないように注意する。

③仮説から考察までの論述に一貫性をもたせるようにする。

④「こうしました」という事実だけでは実践報告文になるため，考察を必ず入れる。

⑤論拠のもとになる資料を入れ，内容と資料が対応するようにする。また，カットのような無駄な写真や資料は入れない。

⑥誤字や脱字，文字の変換間違いなどがないように，推敲を十分に行う。

⑦資料は十分に精選し，子供の実名や顔写真などの個人情報に注意する。

⑧募集要項を熟読し，規定から外れることのないようにする。また，枚数が少なすぎることを避ける。

Q151 ▶ 評価の目的は何ですか?

❶ 子供が学習活動を意欲的・効果的に行うために

どこまで達成できたかという評価の情報が子供たちにフィード
バックされると,さらに学ぼうとする意欲が高まります。また,
評価の情報によって子供は自分の学び方のどこに問題があり,ど
のように修正すべきかが分かります。子供の足りない部分ばかり
指摘するのではなく,子供が前向きに考えられるものとして活用
しましょう。あくまでも子供の意欲を高めるものとしていくこと
が大切です。

❷ 教師が指導のあり方を反省し,改善するために

評価は子供のためだけに行うものではありません。教師の指導を見直すためのものでもあり
ます。単元や授業の途中,終えた後,子供たちに学習内容が定着しているかどうかを確認する
だけでなく,その結果を次の指導へ生かすことが必要です。教師は,自分自身の指導のあり方
を謙虚に見直し,改善する姿勢をもたなければなりません。

※保護者への説明責任に応えるために

保護者への説明責任を果たすために,公正で公平な評価をすることが大切です。問い合わせ
があった際には,根拠をもって説明できるようにしなければいけません。また学習での子供の
がんばりが見られる評価にしたいものです。保護者からの協力が得られるように,情報提供の
仕方について工夫することも大切です。

Q152 ▶ 評価にはどのような種類がありますか?

❶ 実施時期と目的によって

〈1〉単元の前に行う診断的評価

単元の指導の前に,学習の基礎となる知識や技能が備わっているか,子供の実態を把握する
ために行うのが診断的評価です。例えば,算数科で,学習の前提となる基礎がきちんと定着し
ているかを事前に診断したり,社会科や理科で,子供たちの生活経験を確かめたりします。子
供の実態把握は,教材作成や授業展開の工夫に大いに役立ちます。

〈2〉単元の途中に行う形成的評価

形成的評価は,指導の途中段階で行います。方法としては,小テスト,机間指導や対話など
の観察法,チェックリスト法等があり,これらを組み合わせて無理のないように行います。授
業で子供が意欲的に取り組めたか,内容が十分に理解できたかなどを振り返り,その後の指導
に生かすことが大切です。

〈3〉 単元ごとに行う総括的評価

　総括的評価は，指導後に実施するまとめの評価です。あらかじめ作成した評価規準・基準に照らして，授業の記録やテスト，作品などの学習成果を基に行います。単元ごとの総括的評価の積み重ねが，学期末の総括的な評価・評定となります。客観性と透明性の確保に心がけ，子供や保護者に適切に説明できるようにしておく必要があります。

❷ 評価基準の決め方によって

　評価の方法は，相対評価（集団準拠評価）と絶対評価（目標準拠評価）が主なものです。小中学校では，平成14年の学習指導要領の改訂によって，絶対評価が行われるようになりました。他者との比較ではなく，本人の到達度によって評価するもので，目標に近付いた度合いを基準にして評価します。子供の達成状況が分かり，指導や学習に生かせます。評価者の主観によらない客観性のある基準を設ける必要があります。

❸ だれが行うかによって

〈1〉 教師による評価

　教師が評価者として，被評価者である子供を評価します。時として，教師の思い込みなどで評価がゆがめられる危険性もあります。客観性と透明性をもつようにしましょう。

〈2〉 子供同士による相互評価

　子供同士が互いを評価し合うものです。子供同士が協力して学習をする雰囲気づくりが前提となります。教師が評価の観点を明確に示すことがポイントです。

〈3〉 自己評価

　学習者自身が，学習の進め方や結果を振り返ります。自分の学習を適切に把握・分析できることが大切となります。教師が評価の観点を助言するのは支援の一つの方法です。生涯学習が求められる現代社会において，大きな意味をもつ評価法といえます。

Q153　子供に付いた力をどのように評価すればよいですか？

　子供にどれだけ力が付いたかを評価するためには，しっかりとした尺度を用意する必要があります。それが，評価の観点，評価規準，評価基準です。

　評価の観点とは，子供に付けたい力を短い言葉で示したものです。令和2年度から，全ての教科で「知識・技能」「思考力・判断力・表現力」「主体的に学習に取り組む態度」という3つの観点に統一されました。この観点別に評価規準を設定します。

　評価規準とは，評価の観点によって示された子供に付けたい力を，より具体的な子供の姿として文章に表したものです。言い換えると，「何を」評価するのかを示したものです。

　評価基準とは，評価規準で示した内容を，どの程度まで習得したかを具体的に明示したものです。つまり，「どれだけ」達成したかを示すものです。絶対評価では，これに照らして達成度を判断します。

Q154 通知表は何のために作成するのですか？

通知表は，子供たちの学習の成績や日常生活の記録などをまとめ，本人及びその保護者へ通知するための書類です。法定表簿である小学校児童指導要録・中学校生徒指導要録とは異なり，その作成は学校の任意によるものです。では，なぜ作成するのでしょうか。

❶ 努力（成果）の自覚と今後の意欲の喚起

子供たち自身に，自分がどの程度成長したのか，これからさらに成長するためにはどのような努力が必要なのかが分かることが大切です。努力したことや今後すべきことを的確に記載することで，子供の成長の糧となる通知表を作成したいものです。

❷ 子供の学習や生活状況についての共通理解

通知表は，基本的には保護者に向けて書きます。個別懇談会などで子供の様子を直接的に伝えるだけではなく，学習の達成の様子や生活の様子について通知表で文書化することによって，子供の姿を的確に伝え，指導の共通理解を図ります。

❸ 成長の足跡

通知表は，学校生活における記録であると同時に，子供とその保護者にとっては成長の記録として，大事な足跡となります。年齢を重ねても，学校時代の通知表は一生の宝物として，大切に保存していることが多いようです。それゆえに，丁寧で分かりやすい表現を意識して，誤字・脱字などには気を付け，それぞれのよいところを称賛することに努めます。

Q155 所見欄はどのように書けばよいですか？

子供の不十分な部分に保護者の協力を期待する場合には，やる気に変えることができる内容の記述が所見欄に求められます。欠点を指摘するだけでは，向上心は生まれません。記述に関しては，まず長所や進歩した点を取り上げ，保護者も子供も目標をもって気持ちよく次のステップに進むことができるようにしたいものです。

❶ 様々な資料を集め，その中から顕著なものを選ぶ

教師による観察はもちろんのこと，数多くの視点から情報を集めることが客観的な評価につながります。資料は学習記録・個人カルテ・週案・出席簿・面談票記録・自己評価など，日頃の学校での学習や生活の中から収集します。

❷ 子供の課題をやる気に変える表現を使う

・「…ができていない」→「少しできるようになった」「あと少しで…できます」
・「作業が遅い」→「自分のペースを大事に」「納得いくまでじっくりと」

などのように，表現を変えるだけで子供のやる気を喚起できます。

※個人情報の管理には十分な配慮が必要です。

1

子供の理解について（子供を理解する方法）

Q156　子供をどのように理解すればよいですか？

❶ 子供の情報を様々な場からつかむ

　子供を理解するためには，まず子供を知ることが大切です。性格，長所・短所，得意な教科・苦手な教科，家庭環境，友達関係，趣味・特技，…など多面的に子供を観察することが大切です。こうした情報を指導要録，家庭環境調査票などで把握するとともに，前担任や部活動顧問などからも情報を得るようにします。また，家庭訪問や保護者会などで，保護者から情報や家庭の状況をつかんでおくようにします。

❷ 直接自分の目で見て，直接関わって捉える

　自分の目で子供を見て，直接子供と関わって一人一人をつかんでいきます。友人関係や，得意なこと・苦手なことを知るように努め，得意なことは伸ばしていき，苦手なことにも挑戦できるように支援していきます。

　また，教師の一面的な見方に陥らないように心がけることも必要です。教科担任や他の教師の意見を聞くなどして，一人一人の子供を多面的に捉えていきます。

❸ 短所よりも長所に着目し，受容的に見る

　誰にでも長所があり，短所もあります。短所でも見方を変えれば長所になることもあります。子供の長所に着目して認め，その長所を伸ばすように指導していきます。子供を批判的に見るのではなく，常に受容的に見ることは，その子の心を開くことにもつながります。

❹ 同じ目線に立ち，共感的に理解する

　子供と同じ目線に立ち，共感的に理解しようとします。そのためには，まず聴くことが大切です。教師が一方的に話をするのではなく，相槌を打ちながら子供の気持ちや考えにじっくりと耳を傾けます。そして，「つらかったんだね」「一緒に考えていこうね」「大丈夫」など，子供の不安を取り除くような声をかけます。子供は教師を味方と感じたとき，心を開くようになります。

❺ 保護者との連絡を密にする

　子供のことは保護者がよく分かっています。普段から保護者との連絡を密にするようにします。そして，子供のよいところを伝えることに心がければ保護者との信頼関係は厚くなります。心配事や困った事の相談でも，子供のよさを認めながら事実を伝えることで保護者の理解・協力を得るようにします。

Q157 子供をどのように褒めたり叱ったりするとよいですか？

❶ 褒めることを探す

○褒める効果

　大人になっても，ほんの小さなことでも褒められればうれしいものです。まして，子供にとって，褒められることはとてもうれしいことです。また，１人を褒めると，周りの子供も褒められたいと思って行動します。小学校１年生の子供に「姿勢がいいね」と言うと，一斉に背筋が伸びます。「姿勢が悪い」と言うより，褒めた方が効果的です。

○素直に褒める

　子供のよいところを素直に褒めるようにします。子供は，自分なりに考えて一生懸命発表するわけですから，「すごい」「なるほど」と言われると，うれしくなってもっとたくさん手を挙げてみようと思うはずです。さらに，具体的に褒めると，学習のめあてをつかんで，次の目標へとつながっていきます。

❷ 「叱る」ことと「怒る」ことの違い

　教師が感情的になって怒ってしまうと，何がよくなかったのか，何を注意されているのか，子供は分からなくなります。叱るとは，これがよくないので注意されていることが分かり，二度としないと反省させることです。子供のよくない行動について注意します。ただ，その行動には何か原因があるので，原因もしっかり聞いた上で，よくない行動を注意します。

　特に，危険な行為やいじめにつながる行動はしっかり注意します。教師自身が落ち着いて子供の行動を見極め，その子と目線を合わせて伝えるようにします。

Q158 子供の反発的な言動に対してどのように接すればよいですか？

❶ 子供のいらいらする原因を考える

　子供が反発するには，それなりに原因があるものです。勉強ができない，部活動でうまくいかない，自分の存在が認められないなどの原因があって，それをうまく表現できなくていらいらして反発的な言動になります。子供はその原因を取り除いてほしいと思っているので，教師はその原因を見つけて，一緒に取り除いていく気持ちで接していきます。

　また，子供は教師の対応を見ているので，きぜんとした態度をもち続けて，いけないことには絶対に駄目という態度で臨みましょう。

❷ 先輩に相談して解決法を考える

　問題行動が生じてしまった場合には，自分１人で抱え込まず先輩教師に遠慮なく相談して，間違いのない，よりよい指導の方向性や方策を見いだしていくようにしましょう。

Q159 子供の悩みの聴き方や関わり方はどのようにすればよいですか？

❶ 子供の表情の変化をつかむ

元気のよいときや意欲のあるときは，子供の顔は上を向き，そうでないときは下を向きがちです。また，何か心配事があるときは，なかなか自分から言い出せないけれど，気付いてほしい気持ちから，教師の方をちらちら見ることもあります。

毎日，一人一人の表情をよく見て，いつもと違うなと感じたら，それは子供からのサインをキャッチしたのですから，教師の方から声をかけてみましょう。「今日は少し元気がないみたい，調子の悪いところがあるの？」「何か気になることがあるのかな，話してごらん。」子供は，そんな言葉をかけてほしいと待っています。

❷ よい聴き手はよい話し手を育てる

小さい子供ほど，自分のことを話したくて仕方がありません。なかなか上手に話せなくても聴いてもらいたいものです。先生に聴いてもらえるという安心感で，信頼関係も生まれてきます。子供から話してきたら，まずは子供の顔を見てじっくり話を聴きましょう。

受容的に聴くことで子供の気持ちを引き出します。よい聴き手に徹してみましょう。子供は話を聴いてもらううちに，「自分は大切に思われているんだ」「自分は役に立っているんだ」という自己肯定感を高めることができます。子供は信頼され，自己肯定感があると目標に向かってがんばります。

ただ，中学生にもなると，聴いてもらいたい内容が複雑になって，なかなか担任だけでは対応できないこともあります。そのようなときには，経験豊かな先輩教師から対応の仕方などを学び，自分の中に知識や経験を増やすようにします。

❸ 記録をとる

ノートを用意して，１ページ１人分として，家庭訪問や保護者会，子供の善行などの記録を残していくとよいでしょう。メモ書きでよいので，日付と事実について残しておくことで，そのときにどのような指導をしたかなど振り返ることができます。

対処の仕方についてのケース会議などを行ったときや，保護者へ電話連絡をしたことも記録を取って残しておきましょう。同じような問題が起きたときには，速やかに対処ができるようになります。特に，児童相談所などの外部機関との連絡の日付や内容は，確実に記録しておきます。昨今，児童虐待や少年犯罪も心配されるので記録は大切な資料となります。

Q160 ▶「合理的配慮」とはどのようなことですか？

　障がいのある子供も障がいのない子供も平等に教育を受けるために，一人一人の障がいの状態や教育的ニーズなどに応じて，学校や学校の設置者と本人・保護者との相談の上，行われるものです。すべての子供の学びを保障するために必要な支援です。

　平成28年４月から施行された「障害を理由とする差別の解消の推進に関する法律」で，行政機関等（学校を含む）について，合理的配慮の提供が法的に義務付けられました。この法律に従って，学校や学校の設置者は，保護者から「合理的配慮」を求められたとき，その具体的な対応策を考えていくことが必要となります。

Q161 ▶保護者への対応はどのようにすればよいですか？

　保護者から「合理的配慮をお願いします」と伝えられたときには，学校や学校の設置者と相談の上，可能な限り合意形成を図りつつ，その内容を決定していきます。障がいのある子供が他の子供と平等に「教育を受ける権利」を得るために，学校は，必要かつ適当な変更や調整を行っていきます。合理的配慮については，①教育内容・方法，②支援体制，③施設・設備の３観点で相談をしていきます。

　例えば，「うちの子は足が不自由なので何とかしてほしい」という要望を受けたときには，学校側としてできることは，③バリアフリーが必要な場所を本人・保護者と確認したり，②介助が必要な場合を洗い出し，必要な介助を行ったりすることなどがあります。学校の設置者にできることは，③階段昇降機を付ける，②介助ボランティアがいないか探すなどがあります。いずれにしても，できることとできないことが出てきます。これらの内容を保護者と相談しながら合意形成していくことが大切です。担任や特別支援コーディネーターだけで決めていくのではなく，学校や学校の設置者と連携して保護者と相談し，進めていきます。

Q162 ▶「合意形成」とはどのようなことですか？

　保護者が，学校に求める「合理的配慮」について，教育現場と保護者が，子供を中心に捉え，支援の方法について話し合いをして同意していくことを「合意形成」を図るといいます。

　特に物理的環境面において，合意ができないことが生まれても，時間をかけ，子供の成長とともに双方の努力のもと，次第に合意を図っていくことも合意形成に含まれます。

Q163 ▶ 障がい特性に応じて具体的にどのように対応すればよいですか?

❶ 視覚障がい（視力障がい・視野障がい・色覚障がい・光覚障がい）

○音声や点字表示など，視覚情報を代替する配慮を用意します。

○声をかけるときには前から近づき「〜さん，こんにちは。〜です。」など自ら名乗ります。

○説明するときには「それ」「あれ」など指示語を使わず「あなたの正面」と具体的に伝えます。

○普段から通路（点字ブロックの上など）に通行の妨げとなるものを置きません。

❷ 聴覚障がい・言語障がい

○手話や文字表示など，聴覚情報を代替する配慮を用意します。

○音声で話すことを極力避け，視覚的なより具体的な情報を併用して使用します。

○タブレットなどのアプリに音声を文字に変換できるものもあり，これらを使用します。

○FM補聴器の特性を理解すると同時に全職員にその使い方と特徴を周知します。

❸ 視覚と聴覚の重複障がい

○盲ろう者関係機関と連携し，対応に関する助言を受けます。

○障がいの状態や程度に応じて視覚障がいや聴覚障がいの人と同じ対応が可能な場合があります。

○同様な対応が困難な場合，手書き文字や触手話，指点字などの代替する配慮を用意します。

❹ 肢体不自由者

○段差をなくすようバリアフリー化をすすめます。

○車椅子の移動時の幅や走行面の斜度，車椅子用トイレの設置などの設備を行います。

○机に向かうとき，車椅子が入れる高さや形状の机を用意します。

○ドアやエレベーターのスイッチなど，機器操作をスムーズに行うための配慮を行います。

○目線を合わせて会話します。

○体温調整に障がいのある児童生徒には，部屋の温度管理に配慮します。

❺ 知的障がい（自閉スペクトラム症（ASD）含む）

○言葉による説明などを理解しにくいため，ゆっくり丁寧に分かりやすく話します。

○文書は漢字を少なくし，ルビを振るなどの配慮で理解しやすくなる場合もあるが，子供一人一人の障がい特性を考え配慮する内容を決めていきます。

○新しく挑戦する内容を限定して，スモールステップによる支援を行います。

❻ 学習障がい（LD）

○ICTなどを活用し，本人の得意な部分を使って情報にアクセスし表現できるようにします。

○本人の苦手な部分について，課題の量や質，宿題の量などを加減し，柔軟な評価を行います。

❼ 注意欠如・多動性障がい（ADHD）

○様々な情報が入りにくい座席の位置を工夫し，シンプルで明確なルールの提示に努めます。

Q164 性の多様性とはどのようなことですか？

人間の性は，男と女の２つの性だけでは説明しきれない，多様性をもっています。この多様な性のあり方（セクシュアリティ）を考える要素として①身体的性（生物学的な性），②性自認（心の性），③性指向（好きになる性），④性表現（見た目の性）の４つがあります。

〈LGBT とは〉

LGBT は，次の４つのセクシュアリティだけを意味するものではなく，セクシュアルマイノリティの総称として使われています。

> L （レズビアン）：同性を好きになる女性
> G （ゲイ）：同性を好きになる男性
> B （バイセクシュアル）：両方の性を好きになる人
> T （トランスジェンダー）：身体の性と心の性が異なる人

LGBT 以外にも，男女どちらにも恋愛感情をもたない人，自分の性別を決めていない人や決められない人など，様々な人がいます。性の在り方は多様です。

Q165 教職員としてどのようなことに気を付けたらよいですか？

性指向や性自認によって偏見や差別の対象にされることなく，その人がその人らしく生きていける，互いを認め合える社会にしていくことが大切です。そのためにも，まずは教職員自身が多様な性について正しく理解し，自分の意識を見直すことから始めてみましょう。「いろいろなセクシュアリティの子供（人）がいる」という意識を常にもちたいものです。

❶ 言動に気を付ける

教職員の何気ない一言が，子供の言動にも影響を与えます。また，セクシュアルマイノリティの子供に大きなストレスを与えています。その例を以下に挙げます。

「男（女）らしくしなさい」→「男（女）らしくしない人はおかしい」と感じてしまう

「オカマ」「ホモ」などの発言を黙認または見過ごす→否定的な価値観を伝えてしまう

❷ カミングアウトへの対応

カミングアウトは「したい相手に，したいタイミング」で行われることが望ましいです。カミングアウトされたら「話してくれてありがとう」「あなたはあなたで変わりないよ」などと伝えましょう。「気にすることないよ」「そのうち治るよ」「あなたは違うと思うよ」などは，勇気を出してカミングアウトした当事者の気持ちを無視した言動です。また，本人の承諾なしに他者へカミングアウトの内容を話すこと（アウティング）は，絶対しないようにしましょう。

Q166 不登校の早期発見となる子供のサインはどのようなものがありますか？

　心と体は密接な関係にあり，心の問題が体に現れることは多いものです。また，心の問題は，表情，言葉，行動に現れます。次のような子供のサインに気を付けるようにしましょう。

○見逃せないサイン　　※この資料はあくまで目安です。

体に現れるサイン	行動・態度に現れるサイン	
□発熱が続く	□ぼんやりしている	□急に人柄が変わる
□めまいがする	□ふさぎこんでいる	□目をパチパチさせる
□体がだるい	□意欲がない	□首を振る
□急に視力・聴力が低下する	□急に成績が低下する	□口をもぐもぐする
□急にやせる	□表情が乏しくなる	□咳払いが多い
□急に太る	□ぶつぶつ独り言を言う	□手を洗うことが多い
□異常に水を飲む	□急に幼児語を話すようになる	□つばをよく吐く
□食べ物がのどにつかえる	□意味もなくにやっと笑う	□オーバーな訴えをする
□頭痛・腹痛	□無言，無口になる	□急に装いが変わる
□胸が苦しい	□落ち着かない	□金切り声を出す
□吐き気，嘔吐，下痢	□集中力がない	□肩をすくめる
□遺尿や頻尿	□すぐにカッとする	□弱いものいじめをする
□けいれん，失神	□保健室へ頻繁に行く	□頻繁に1人でいる
	□給食を食べなくなる	□忘れ物が増える

Q167 初期対応としてどのようなことができますか？

❶ 子供，保護者とのコミュニケーション，話し合いを密にします

　○2，3日遅刻，欠席が続いたら家庭訪問，電話で詳しく様子を聞きます。

　○休みが続く場合は，定期的に話し合いをします（落ち着いて話し合える場と時間の確保）。

❷ 困り感，痛みを理解した上で，安心感を与えるようにします

　○子供や親の気持ちに寄り添った言葉かけをします。

　「つらかったのによくがんばったね」「疲れをとることが大事だよ」「一緒に考えていこうね」など。

❸ 学校での支援体制づくりを依頼してください

　○記録をとり，管理職・学年主任・不登校担当の先生に報告します。

❹ カウンセラーなどの専門家，関係機関の活用も念頭におきます

いじめは，人権に関わる重大な問題です。いじめの対応については難しい面がありますが，大切なポイントを挙げておきます。

Q168 どのような状態を「いじめ」と捉えたらよいですか？

❶ いじめの定義（いじめ防止対策推進法第二条）

「いじめ」とは，児童等に対して，当該児童等が在籍する学校に在籍している等当該児童等と一定の人的関係にある他の児童等が行う心理的又は物理的な影響を与える行為（インターネットを通じて行われるものを含む。）であって，当該行為の対象となった児童等が心身の苦痛を感じているものをいう。

❷ いじめに対する大切な視点

「いじめはどこにでもある」という認識が大切です。さらに，先生や学校，保護者に分からないようにするのが「いじめ」であると考え，常に先生は敏感でなければなりません。

〈1〉「いじめられる側にも問題がある」という見方は禁物です。被害者の人格を否定するだけでなく，いじめを許容し，正当化することになります。

〈2〉 いじめを単なる「遊び」や「悪ふざけ」あるいは「トラブル」として受け止めず，重大な人権侵害の問題として受け止め対応しましょう。

Q169 「いじめ」の早期発見・早期対応のポイントは何ですか？

❶ 早期発見のために

〈1〉 行動観察（教室で迎える，給食や清掃を一緒に行う，休憩時間に様子を見る　等）

〈2〉 教育相談　○生活アンケート　○日記や生活記録等の活用

❷ 早期対応のポイント

〈1〉 いじめられている子供への対応のポイント

いじめられている子供の保護が最優先です。いじめられた子供の心情を理解し，子供の意向に沿って対応を図ることが大切です。

〈2〉 いじめている子供への対応のポイント

個別に対応していくことが大切です。その中で，相手の人権を尊重する態度を身に付けさせます。いじめている子供は心の中に苦しみやストレスを抱えていることが多く，共感的に受容する姿勢も重要です。

〈3〉 周囲の子供への対応のポイント

いじめが自分に向けられることを恐れ，傍観せざるを得ない心理状態を理解させます。いじめられている子供の気持ちを考え，やめさせる勇気をもつことを知らせる必要があります。

〈4〉 保護者への対応のポイント

保護者からの訴えで発覚することも多く，いじめ克服において保護者との連携は欠かせません。どのような訴え，情報であっても誠実に伝えたり受け止めたりしましょう。

Q170 ▶ 虐待防止に向けて教職員にはどんな役割がありますか？

　児童虐待防止法において，学校及び教職員に対して，虐待を早期に発見し，被害を防止するための適切な対策をとり，子供の安全を確保するため，次のような役割が求められています。

〈学校及び教職員に求められている役割〉

〈1〉虐待の早期発見に努めること

〈2〉虐待を受けたと思われる子供について，市町村（虐待対応担当課）や児童相談所等へ通告すること

〈3〉虐待の予防・防止や虐待を受けた子供の保護・自立支援に関し，関係機関への協力を行うこと

〈4〉虐待防止のための子供等への教育に努めること

Q171 ▶ 被虐待児童生徒に対してどのように支援したらよいですか？

　被虐待児に対して，教育上の指導だけで課題が解決するものではありません。福祉・医療・警察などの関係機関との連携が必要となる場合もあり，一律に他の子供たちと同様の指導で対処するだけではいけないことを，理解しておく必要があります。教師は「自分の力だけで何とかしよう」とか「自分の指導不足ではないか」と考えて抱え込むのではなく，早期に校内の関係者（校長，教頭，生徒指導主事，担任，養護教諭及びスクールカウンセラーなど）で共通に理解し，アセスメント（評価）及び対応策を検討する必要があります。

　実際には，「虐待通告」までにはいたらなくても，養育基盤が極めて弱く，学校での学習の準備が十分できない家庭環境に置かれている子供たちもいます。そうした子供たちを含めて，学校全体の体制の中で支援していかなければなりません。

❶ 心身の安全を感じられる場の保障

　被虐待児の場合，他者や世界に対する安心感が奪われているだけに，「ここでは自分の心身の安全が守られている」という安心感をもてる環境，「ここだけは信じても大丈夫」と子供たちが思える人間関係を学校の中で保障していくことが何よりも重要です。

　心身の安心が感じられる居場所として，教室や保健室，相談室など，学校内の多様な場での環境づくりを図っていくことを大切にしてください。

❷ 子供の問題行動の背後にある「心の叫び」への共感的対応

　被虐待児の場合，自分の思いや感情を言葉による表現ができないことが多いです。それだけに，子供の内面にある感情や葛藤，そして，その子供から見たときの他者や世界の「見え方」を，教職員が共感的に理解していく必要があります。

Q172　アレルギーにはどのようなものがありますか？

　アレルギーとは，体を守るはずの免疫反応が過剰に反応し，体にとって好ましくない，様々な症状を起こしたものを言います。主なアレルギー疾患に，食物アレルギー，アレルギー性鼻炎，アレルギー性結膜炎，気管支ぜん息，アトピー性皮膚炎などがあります。

　学校生活においてアレルギーを引き起こしやすい活動には，以下のものがあります。

・動物との接触を伴う活動	・プール
・花粉，ほこりの舞う環境での活動	・給食
・長時間の屋外活動	・食物や食材を扱う授業，活動
・運動（体育，クラブ活動など）	・宿泊を伴う校外活動

　複数の臓器症状が全身に現れるものをアナフィラキシーと言い，血圧低下や意識混濁などのショック症状が出る危険な状態です。アドレナリン自己注射（エピペン®）が必要となります。

Q173　学校ではどのような対応が必要ですか？

　アレルギーの要因や症状は，一人一人違います。学校では，主治医が記載した「学校生活管理指導表（アレルギー疾患用）」に基づき，保護者と協議し取り組みます。だれもが対応できるよう，定期的に訓練（シミュレーション）を行い，緊急時に対応できるようにしましょう。

〈緊急時の対応〉

発見者：子供から離れず，観察を続ける。助けを呼ぶ。エピペン®，AED の指示など。

緊急性の判断…ここまで5分以内に

〈緊急性が高いアレルギー症状〉

全身の症状	呼吸器の症状	消化器の症状
□ぐったり	□のどや胸が締め付けられる	□我慢できない腹痛
□意識もうろう	□声がかすれる	□繰り返し吐き続ける
□尿や便を漏らす	□犬が吠えるようなせき	
□脈が触れにくい	□息がしにくい	
□唇や爪が青白い	□持続する強いせき込み	
	□ぜーぜーする呼吸	

これらの症状が1つでもあれば…

チームワークで対応

○ただちにエピペン®を使用　　迷ったら，打つ！
○救急車を要請（119番通報）
○反応がなく，呼吸がなければ心肺蘇生を行う⇒AED の使用
○その場で安静にする
　仰向けで足を15〜30cm高くする。立たせたり，歩かせたりしない！
○その場で救急隊を待つ　　　エピペン®を打った時刻を報告

参考：「学校のアレルギー疾患に対する取り組みガイドライン」（公財）日本学校保健会

1

Q174 なぜ家庭訪問が必要ですか？

〈子供理解は，保護者理解から〉

　家庭訪問の目的は，次のように考えます。

> ・担任と保護者との信頼関係を深め，連携を密にする。
> ・保護者の考え方を知り，子供の理解を深めた上で，今後の指導に生かす。
> ・家庭での子供の様子を知り，学校とは違う態度や姿勢の有無を理解する。
> ・万が一，子供が事故等に巻き込まれたり，問題があったりしたときに家庭に駆けつける
> 　ことができるよう，場所を確認する。

　学校行事として決められた期日に行う「家庭訪問」は，希望制にするなど学校によって実施が様々です。ですが，家庭の事情や子供の状況から「随時行う訪問」はとても大切です。学校・家庭の連携を深めるためにも，特に気になることや心配なことがある場合，電話で済ませるのではなく，忙しくても家庭訪問をし，保護者の顔を見て話すように努めましょう。

Q175 訪問をした際にどのような方法が有効ですか？

❶「先生もおうちの人も，みんな，あなたの味方だよ」

　年間行事に位置付けられている家庭訪問は，年度当初に実施している学校が多くあります。その際，次のことを心がけましょう。

　・自分（先生）の教育方針を少しでも理解してもらう。
　・保護者の考えや意見を少しでも多く聞くようにする。
　・家庭での子供の様子を少しでも多く聞くようにする。

　遅刻や欠席が２，３日続いたら，必ず電話で様子を聞くか，家庭訪問をして子供の顔を見て話を聞いてあげましょう。

❷ 責任ある先輩に必ず相談し，複数で行動しましょう

　問題行動発生時や進路相談で家庭訪問を実施する場合には，必ず校長など上司の先生に相談をし，場合によっては，学年主任などと一緒に，複数で訪問しましょう。問題行動発生時に単独で動くことは身の危険だけでなく，後々，責任転嫁されないためにも重要です。普段，母親しか出てこないような家庭こそ，必ず父親の意見を聞きましょう。「俺は，そんなこと知らん」と後から言われてしまうと，大変困ります。また，進路相談などは勝手な判断で話をせず，答えに困るときは「学校で相談・確認して，後ほどお返事いたします」と，返事を保留するようにし，その後適切な対応をするよう努めましょう。

Q176 ▶ 個別懇談会で事前に気を付けておくことは何ですか？

〈保護者の方々への気配りが大切〉

懇談会で最も大切なこと，それは「保護者の方々への気配り」です。「来てよかった」と思ってもらうためには，いくつかのポイントがあります。忙しい中，学校へ足を運んでもらうのですから「今日は，学校へ来てよかった」と感じてもらえるように努力しましょう。以下のような準備をしておきましょう。

①環境をきちんと整えましょう

〈1〉 教室の掲示物の朱書きを一人一人に書きましょう。保護者は自身の子供の作品を見た際に，コメントが書いてあるときちんとした学習活動がなされていると安心します。

〈2〉 整理整頓ができているだけではなく，花が飾ってある潤いのある教室が望ましいです。

〈3〉 廊下に子供の作品や保護者向けの書物を置いたりするのもよいです。

②話す内容のポイントを整理しておきましょう

直したいこと「1」に対し，良いところが「3」くらいのバランスで，話す内容を整理しておきましょう。直したいことは良いところの間に挟むのがコツです。

③日頃から，話術を高めておきましょう

〈1〉 話し始めが肝心。いきなり本題よりも，緊張感を和らげる言葉をかけましょう。
「天気・気候」「兄弟関係の懇談会の進行状況」「協力いただいていることへの感謝の言葉」

〈2〉 限られた時間の中で，内容を厳選して，必要なことを漏らさないようにしましょう。
「最近の家庭での様子」「学校での様子」「特にがんばっていること」「係の仕事や奉仕活動」「クラブ活動・部活動」「学習の成長」「生活面で特筆すべきこと」「今後への期待」など。

Q177 ▶ 懇談会が成功する秘けつはありますか？

〈成功する秘けつは，「感謝の気持ち」と「子供の成長を願う心」です〉

〈1〉 保護者に対する「感謝の気持ち」と「子供の成長を願う心」で迎えましょう。

〈2〉 教室の入口まで保護者を迎えに行き，「次は○○さんでしたね，どうぞ」も，1つの方法です。

〈3〉 話す内容のストーリー性を考え，最後は笑顔で帰ってもらえるように配慮します。

〈4〉 教師が話すというより，保護者の話をしっかり聞いてあげるくらいの構えも必要です。

〈5〉 マイナス面を直接伝えるのではなく，「△△をするとさらに○○が伸びてきます」「□□を休み中にやってみてはどうですか」など，具体的な手だてや方法を示すようにします。

〈6〉 早口は厳禁ですのでゆっくり分かりやすく話しましょう。しかし，次に予定のある方もいますので，懇談の時間は必ず守りましょう。

Q178 学級懇談会はどのように開いたらよいですか？

　学級懇談会は，担任と保護者との連携協力を図る上で重要な機会です。保護者の理解を十分に得て協力体制を築くために，教師側の考えを一方的に伝えるのではなく，教師と保護者の意見交換に努めることが大切です。学級懇談会を開くためのポイントは次の通りです。

❶ 学級懇談会のもち方

〈1〉 会の目的や内容を教師が十分理解しておく

　運営する教師が，会の目的を明確にしておきます。また，保護者への連絡事項などを事前に確認しておくようにします。

〈2〉 資料を用いて，能率よく情報を伝える

　限られた時間であるため，資料を準備し，報告事項，依頼事項などが分かりやすく説明できるようにします。

〈3〉 保護者が意見を出し合うことができるようにする

　保護者同士のコミュニケーションを図ることも学級懇談会のねらいの1つです。そのために，少数意見を大切にすることはもちろん，グループで話し合う場を設けるなど，意見が出し合えるような運営方法を工夫しましょう。

❷ 学級懇談会を開くための手順

〈1〉 1か月前をめどに，保護者への案内（日時，場所，内容，持ち物など）を作成する

〈2〉 資料（生活，学習，行事予定，アンケート結果など）を作成する

〈3〉 学級の保護者代表に進行を依頼する場合は打ち合わせをする

〈4〉 受付名簿，表示，名札などを作成する

❸ 学級懇談会での留意点

〈1〉 参加者を増やす努力をする

　開催日や時間帯を配慮し，多くの保護者に参加していただけるようにしましょう。懇談会後は，学級通信などに参加のお礼を一言添える心遣いも大切です。当日，欠席された保護者には，資料を添えて当日の内容を知らせ，情報を提供するようにしましょう。

〈2〉 お互いの名前が分かるように名札を用意する

　懇談会は，保護者同士が仲良くなれる場としての価値もあります。この機会にお互いの名前を知ることができるように名札を用意するとよいでしょう。

〈3〉 判断に迷う場合は，即答しない

　保護者から出された意見で，判断に迷う場合は即答せず，学年主任や役職者に相談して，後日回答するようにしましょう。

Q179 保護者の相談や苦情にはどのように対応したらよいですか？

❶ 訴えに耳を傾ける

　子供同士のトラブルの相談や，子供への対応に関する苦情など，内容によって対応は異なりますが，まずは，反論や否定をしないで，誠実な態度でしっかりと傾聴することが必要です。そして，保護者の真意をきちんとつかむようにしましょう。その場合，子供に対する期待感をもった保護者の心情を理解し，保護者の立場を配慮して対応することが大切です。

❷ 気持ちを受け入れ，謝罪は慎重に行う

　心の中で感じていること（気持ち）は，その人にとって真実です。これを心理的事実と言います。一方，周囲の人が目で見たり，耳で聴き取ったりした相手の様子を客観的事実と言います。心理的事実に対しては，「心配されたでしょう」「つらかったでしょう」など，しっかりと気持ちを受け止め，そのような思いにさせてしまったことを心から謝罪しましょう。しかし，客観的事実がつかめない段階で，「学校の責任です」などと頭を下げてしまうと問題をこじらせてしまう恐れがあります。事実関係については，「しっかりと事実を確認した上で，ご報告させていただきます」と答えることが大切です。

❸ 1人ではなく，組織で対応する

　保護者との対応で悩んでいる教師の多くは，1人で問題を抱え解決しようとしています。しかし，1人で何もかもできる人はなかなかいません。管理職や学年主任の教師に相談し，対応へのアドバイスをもらったり，対応への共通理解をしたりすることが大切です。常に組織で対応するといった考えを忘れないようにしましょう。

❹ 具体的に記録を残す

　どんな場合でも必ず記録を残すようにしましょう。記録は美文である必要はありません。巧みに要点をまとめたものよりも，ありのままを具体的に書き残したものが求められます。その場合，「5W1H」，つまり「いつ，どこで，だれが，何を，なぜ，どうした」という視点で書きましょう。そして，できるだけ具体的な表現に心がけましょう。

❺ 保護者との信頼関係を築く

　何よりも大切なことは，「事後対応」よりも「未然防止」に努めることです。問題が起きてからではなく，起きないように日頃から言動を注意深く観察するとともに，保護者と良好な人間関係を築くようにしましょう。保護者と信頼関係を築くには，できる限り直接話をする機会を増やすことです。ささいなことでも保護者へ伝える習慣を身に付けましょう。子供個々への対応は，電話ではなく，家庭訪問をして直接顔と顔を合わせて話をすることが大切です。

おわりに

新任の先生が，初担任の一年を振り返ってまとめられた文章を紹介します。

「先生の宝物は何でしょう？」とクラスの子供たちに問いかけた。答えは「カメラに入っている写真」。子供たちからは，ゲーム，ネックレスといった答えが出ると予想していた。

最初に指名をした子供の答えは，「二年四組のみんな」であった。二人目は，「僕たちでしょ」。そういった答えに，「僕もそう思った」とつぶやく子供たち。私は，言葉が出てこなかった。涙が出そうになった。私の子供たちへの思いが届いているのだと感じた瞬間だった。

新任の先生と子供たちの間に生まれた確かな信頼関係を感じます。「やっぱりそこが大切なんだよね」とうなずきながら，新任の先生の成長ぶりをうれしく思う私たちがいます。

平成29年度版学習指導要領が完全施行となり，「主体的・対話的で深い学び」の実現が求められています。また，世の中の価値観が多様化し，学校現場に求められる期待も大きく膨らんでいます。加えて，私たち教職員の働き方も大きく変わろうとしています。今，教育現場は，大きな変革期を迎えているといえるでしょう。

このような大きな変革期に，教職の道を歩み始めた若手教員の成長を願ってまとめられたものが，この一冊です。本書は，前著『若手教師のための教師力をみがくハンドブック』に，「主体的・対話的で深い学び」や，教育をめぐって新しい問題に関する内容を加筆・修正して編集されています。つまり，先輩教師から脈々と伝えられた教育における「不易」と，新しい教育をめぐる動きに対応する「流行」が，本書にはまとめられているわけです。

教員志望者が著しく低下し教師の質の低下が叫ばれる学校をめぐる現状に，私たち現場教師は強い危機感を抱いています。私たちは，本書を手に取った若手教師のみなさんが教育における「不易と流行」を学び取り，自分の力量向上に役立ててほしいと思っています。冒頭の新任の先生のように子供たちの成長を支え，子供たちとの信頼関係を築き，教師として働くことの喜びを味わってほしいと願っています。そして，本書で学んだ若手教師が「先生になってやっぱりよかった」と思ってもらうことを切に願っています。

【編著者紹介】
岡崎市教科・領域指導員会
1957年に発足した愛知県岡崎市現職研修委員会の組織。発足当時の4名から60余年を過ぎ，現在は各教科・領域32名で構成している。各教科・領域の指導的立場であることから，岡崎市内では指導員と呼ばれている。
それぞれの指導員が，岡崎市内の小中学校を年間14回ほど訪問し，授業の水準を上げるべく，個別および教員全体へ授業の実践的な指導や助言を行っている。
また，各教科・領域の全市的な行事の運営や研究の推進も行う。自主的に学習会を行い，指導力の向上を目指している。

〔本文イラスト〕木村美穂

改訂　若手教師のための教師力をみがくハンドブック
若手・新任教師へ実力教師が伝授する179のQ&A

2020年10月初版第1刷刊　Ⓒ編著者　岡崎市教科・領域指導員会
発行者　藤　原　光　政
発行所　明治図書出版株式会社
http://www.meijitosho.co.jp
(企画)木村　悠　(校正)奥野仁美
〒114-0023　東京都北区滝野川7-46-1
振替00160-5-151318　電話03(5907)6703
ご注文窓口　電話03(5907)6668
＊検印省略　　　組版所　株式会社カシヨ

本書の無断コピーは，著作権・出版権にふれます。ご注意ください。

Printed in Japan　　ISBN978-4-18-313722-7
もれなくクーポンがもらえる！読者アンケートはこちらから→

好評発売中！

教師力ステップアップシリーズ

1日のやる気がグーンとアップ！

朝⑩分間ワーク

小学 ①〜⑥ 年

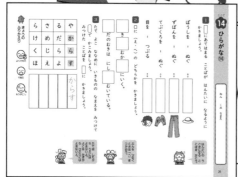

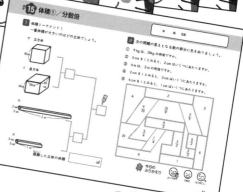

小学 1 年：112 頁・2,060 円＋税	図書番号：3401
小学 2 年：112 頁・2,060 円＋税	図書番号：3402
小学 3 年：120 頁・2,060 円＋税	図書番号：3403
小学 4 年：120 頁・2,060 円＋税	図書番号：3404
小学 5 年：128 頁・2,160 円＋税	図書番号：3405
小学 6 年：128 頁・2,160 円＋税	図書番号：3406

授業力＆学級づくり研究会 著
各 B5 横判

　朝学習が、もくもくとプリントをこなす修行の時間や、ぼーっと過ごすだけの時間になっていませんか？解いて楽しい！できて快感！その上力も付く！そんなワークが満載。主要教科も実技教科も収録し、スキマ時間や授業のまとめ、宿題でも活用できます！

明治図書 　携帯・スマートフォンからは **明治図書 ONLINE へ** 　書籍の検索、注文ができます。 ▶ ▶ ▶

http://www.meijitosho.co.jp 　＊併記4桁の図書番号（英数字）でHP、携帯での検索・注文が簡単に行えます。

〒114−0023 　東京都北区滝野川 7−46−1 　ご注文窓口 　TEL 03−5907−6668 　FAX 050−3156−2790